障がい者アート

「展覧会」と「制作活動」の在り方

成田 孝◇著

大学教育出版

まえがき

国（厚生労働省及び文化庁）が、二〇二〇年の東京オリンピック・パラリンピックと連動させて、障がい者の文化芸術活動に対する支援を加速させていることもあって、全国的に障がい者の展覧会が盛んになってきている。

「障がい者の展覧会＝良いことをやっている」、とのイメージを持ちがちである。研究者や学芸員などの健常者は、障がい者の造形作品に興味をそそられるかもしれない。

健常者が展覧会を行うときは「出品先や開催場所を自分で選ぶ」ことも、「自分の意思で自由に制作した作品」の中から出品作品を「自分で選ぶ」ことも、「自分の考えで並べる」こともできる。また、美術館で展示される場合は学芸員が作家と相談して決めることも多い。しかし、障がい者は例外を除き、「自分から出品する展覧会を選べない」し、「自分で出品する作品を選ぶ」ことも「自分の考えで並べる」ことも難しい。

これらから、展覧会が健常者の考えによって一方的に開催されてしまうという根本的な問題を抱えている。これは、健常者の考え方によって、展覧会が障がい者及び鑑賞者（社会）にとってプラスにもなればマイナスにもなることを示している。健常者がよかれと思って障がい者の展覧会を開催しても、傷口に塩を塗っていることもありえるのである。障がい者は主催者に白紙委任しているのでもなく、主催者が自由にできる権利もない。

障がい者の展覧会は、施設や学校の実践者である教職員によって開催されることが多かった。近年は、実践者ではない研究者や学芸員なども障がい者アートに興味・関心を持つようになってきている。その結果、研究者や学芸員などの企画による障がい者の展覧会が増えてきている。

主催者の考えを優先すると、つい上から目線になり、結果的に障がい者の作品を借りた主催者の展覧会になるのは否めない。そうならないためには、障がい者をリスペクトしながら、作品とその心に緊張感と謙虚さを持たなければならない。そして、主催者の考えを優先するのではなく、絶対的な平等者として障がい者の個性に寄り添い、死にものぐるいで個性に満ちあふれる障がい者主体の制作活動や展覧会をいかにつくりあげていくかが問われる。

展覧会には、スタッフ及び研究者や学芸員の力量がそのまま反映される。よって、障がい者の展覧会で問われるのは、一つ一つの作品が輝くための展覧会を企画する力量である。この力量は、自覚しても自覚しすぎることはない。なぜなら、正解がないからである。また、関係者は現状に満足するのではなく、非力を認めながら、非力を少しでも埋めるために覚悟して勉強し続けなければならない。この覚悟こそ、障がい者に関わるための条件となる。

しかし、学会・研究会・学校・施設などでは、展覧会のような成果発表の在り方に関するまとまった研究は皆無に近く、大きな盲点になっている。障がい者の展覧会の意義や留意点を、きちんと理解している企画者は極めて少ないように思う。障がい者の展覧会の企画者としては素人同然でも、障がい者の展覧会が開催できてしまうから不思議である。障がい者の造形作品に対する興味・関心だけで展覧会を開催するのは恐れ多い。その結果、これまでの展覧会には感動的なものもある反面、疑問を呈せざるをえないものも散見される。

そこで、本書では障がい者の展覧会では何に留意したらよいのかを具体的に論じた。本書が、障がい者の展覧会の在り方を考える土台やきっかけになればありがたい。

また、障がい者は例外を除き、制作活動に関わる「場所・時間・材料・テーマ」などを自由に選ぶことができない。このことは、障がい者は健常者の考えによって制作活動が左右されることを意味している。障がい者の作品には、スタッフである学校教員や施設職員の力量がそのまま反映される。スタッフには、豊かな制作活動となるための力量が問われる。

障がい者は、誰でも個性豊かな表現ができるわけではない。安心できるスタッフのもとで、個性が豊かに発揮される環境が整えられなければならない。これは、決して簡単なことではない。恵まれない環境下でも、個性豊かな作品が偶然生まれることがあるかもしれない。しかし、環境が整えられると、あふれるように個性輝く作品が生まれることは実証されている。造形作品は、結果にすぎない。優れた作品が生まれたら展覧会を開催すればよい。重要なのは展覧会ではなく、障がい者の個性が豊かに発揮されるための日々の制作活動である。学校の授業で生まれる造形作品の多くは、必ずしも豊かな個性が発揮されているとは言えない。施設の多くも、作業などの活動に多くの時間が割かれ、自由に制作できる時間が確保されているとは言いがたい。

このように、学校や施設における制作活動は多くの問題を抱えている。そこで、本書では豊かな制作活動を展開するためには何に留意したらよいのかについても具体的に明らかにした。障がい者の制作活動の在り方を考えるきっかけにしていただければありがたい。

注・本書では障がい児と障がい者を会わせて、「障がい者」とした。

・障がい者の制作活動の場所は、家庭や幼稚園や保育園もあるが、学校や施設がメインである。学校は教員、施設は職員が関わることになる。教職員を「指導者」とするのはおこがましいので、本書では「スタッフ」とした。ただし、学校に限定する場合は、教師や教員とした箇所もある。

障がい者アート―「展覧会」と「制作活動」の在り方―

目次

第1部

「障がい者の展覧会」の在り方

第1章　そもそも展覧会とは何か

1　展覧会とは社会化である

我々は、身近なものならある程度のことは知っている。身近なことでも知らないことは多いが、自分の視野から外れた広い世界のことは知るよしもない。自分が経験することによって得られる「経験知」もあるが、他人から教えられることのほうが圧倒的に多い。

文化芸術活動は、発表という「社会化」を抜きに語ることはできない。文化芸術活動における社会化の主なものは、展覧会・発表・出版である。

いかに優れた造形作品があっても、展覧会や作品集（図録）の出版などがなければ、その存在は周囲のごく一部の人しか知らないままとなる。よって、我々は展覧会や出版という社会化によって、作品の存在を知ることになる。さらに、報道やＳＮＳなどによって社会化が広がる。

2　社会化を通して他から学ぶ

野生児の例を見るまでもなく、人間は言葉や生活様式などを他から学びながら身に付ける。他とは自分との違いであり、さまざまである。多様性といってもよい。文化芸術活動も、その表現や感じ方は人それぞれで、人の数だけある。

文化芸術活動は、人間固有のものである。人間が人間らしくあるのは、文化芸術活動による。自分が表現者であるか否かにかかわらず、他人の文化芸術に触れることは極めて重要である。社会化を通して、他人の文化芸術に触れることができる。触れることによって、何かを感じ、何かを学ぶのである。そして、自分の考え方や生き方に、影響をもたらすことになる。

3　展覧会は企画者に大きく左右される

展覧会は、作品と出会う場所である。どのような作品と出会えるかは、展覧会の企画者がその鍵を握っている。というか、鍵を握られている。どの作者の、どの作品を展示するかは、企画者によって決まる。企画者には、審美眼・眼力が求められる。審美眼・眼力とは、作品のよしあしを判断できる能力である。全ての企画者が、優れた審美眼・眼力の持ち主であるとはかぎらない。

企画者の身近に優れた作品があっても、その作品のよさを見いだすことができなければ、展示対象にはならない。逆に、優れた作品と判断して展示しても、鑑賞者の心を揺さぶらないことも少なくない。また、後年及び作者の死後に評価されることもある。

さらに、同じ作品であっても、展示方法（並べ方）によって展覧会の印象が変わる。つまり、展示方法も作品に影響を与える。

展覧会を決定づける「作品」と、作品に影響がある「展示方法」は企画者が決定する。ここに、企画者の責任の重大さがある。企画力である。この企画力は、現場（学校や施設）のスタッフであれ、研究者や学芸員であれ、展覧会の企画者に求められる。現場のスタッフの場合は、企画力とともに障がい者の個性が豊かに発揮される環境づくりも求められる。企画者は、この使命を自覚しても自覚しすぎることはない。

4　展覧会の開催は難しくないが

会場の大きさや展示作品に関係なく、作品が展示されていれば展覧会と称される。よって、展覧会といってもさまざまとなる。

展示作品の作者が健常者か障がい者かに関係なく、展覧会を開催することは決して難しくない。美術館は、美術館の予算を使った企画展として開催できる。学校や施設の単独展でも、会場費・案内などの印刷費と郵送費・作品運搬費をやりくりすることは可能である。複数の学校や施設による合同展も、寄附などを集めたり、財団などの補助を受ければ可能である。

5　展覧会もさまざまである

展覧会を開催するハードルが高くないことによって、さまざまな展覧会が開催されることになる。

表現や発表の自由があるので、多様な展覧会が開催されることはよいことである。障がい者の展覧会も、バザー的な展覧会もあれば、自由に制作した作品を並べた展覧会もある。バザー的な展覧会は、工程を分担して製作した作業作品、個人が制作した作品、農産物などが並べられる。個人が制作した作品の場合は、図画工作や美術の授業の作品、余暇の時間などに作られた作品が並ぶことが多い。

個人が制作した作品は、個性が豊かに発揮された作品もあるが、スタッフに指示されて作られた作品が多いように思われる。幼稚園・小学校・中学校などの展覧会でも、同じような作品が並び、一人一人の個性が豊かに発揮された生命感にあふれているものは少ない。

このように、展覧会といっても、個性が豊かに発揮されて鑑賞者の心に強く訴えてくるものもあれば、そうでないものもある。現状は、そうでないもののほうが多いのではないだろうか。

第2章　障がい者の展覧会では何に留意すべきか

1　展覧会の名称をどうするか

そもそも、アートには障がい者も健常者もない。オークションでは、障がいの有無に関係なく作品が扱われている。まして、今はインクルーシブの時代である。芸術性の高いアート作品を展示した結果、作者が「障がい者のみ」「健常者のみ」「障がい者と健常者の両方」のいずれかになるにすぎない。

⑴　「アール・ブリュット」は、「障がい者アート」ではない

日本では、障がい者の展覧会に「アール・ブリュット」の名称が使われることが多い。筆者が居住している青森県でも、「青森アール・ブリュット公募展」が開催されている。

平成三〇年六月一三日に公布・施行された「障害者による文化芸術活動の推進に関する法律」に「障害者の作品等」の文言はあるが、「アール・ブリュット」の文言はない。

日本では「障がい者アート」の名称に、「エイブル・アート」「アウトサイダー・アート」「アール・ブリュット」「ボーダーレス・アート」などが使われている。

「エイブル・アート」は一九九五年に播磨靖夫が提唱し、「可能性の芸術」を意味する。広く使われている言葉ではないので、認知度は低い。可能性は誰にでもあるので、「障がい者アート」を「エイブル・アート」とするのは無理がある。また、「エイブル・アート」は、商標登録されているので使用しにくい。

「アウトサイダー・アート」は一九七二年にロジャー・カーディナルが提唱し、「主流から外れた芸術、伝統的な美術教育を受けていない人の芸術」を意味する。しばし使われる言葉なので認知度はあるが、「アウトサイダー・アート」には排他的なイメージがある。

「アウトサイダー」は、「インサイダー」とともに使われる言葉である。「アウトサイダー」

は、部外者・孤立者・異端者・門外漢・社会の枠からはみ出している者などの意味がある。ここには、障がい者を部外者とする健常者の差別が感じられる。障がい者は、社会の部外者でも周縁者でもない。そもそも、「アウトサイダー」と「インサイダー」を区分することがおかしい。障がい者アートが芸術の本質に迫っていることを考えれば、「主流からはずれた」とするのは大変失礼である。障がい者アートの高い芸術性を考えると、障がい者アートこそメイン・ストリームではないだろうか。さらに、障がい者にも高等教育・美術教育の場が提供されるようになってきている。そもそも、伝統的な美術教育を受けているかはアートに関係ない。このことから、「アウトサイダー・アート」と呼ぶのもふさわしくない。

「アール・ブリュット」は一九四七年にジャン・デュビュッフェが提唱し、「生の芸術」を意味する。「アール・ブリュット」の「ブリュット」は、「生《なま・き》」の意味である。加工される前の素《す》の状態である。心情に添った、ストレートかつありのままに表現した作品である。作為性や計算やテクニックもなければ、他の目を気にすることもない表現である。一九四七年には、パリのルネ・ドルーアン画廊で「アール・ブリュット」展が開かれている。「アール・ブリュット」は知れ渡ってきている言葉ではあるが、本来の意味を考えると、「障がい者アート」を「アール・ブリュット」と呼ぶのは無理がある。服部正も[1]、デュビュッフェが提唱した

「アール・ブリュット」は作品の質を判断するひとつの基準であって、障がい者アート全般を指す言葉ではなく、むしろ障がい者アートという枠組みを破壊するツールであったことを指摘している。

ジャン・デュビュッフェに案内されて「アール・ブリュット館」を見た東野芳明は、「われわれが文明の名の下に見捨ててきた別の世界が、強烈な力でわれわれに大きな問いを投げかけてやまないのである。」と記している。(2)

「ボーダーレス・アート」は、二〇〇四年に滋賀県近江八幡市に開館したミュージアムの名称に使われ（開館当初の「ボーダレス・アート・ギャラリーＮＯ―ＭＡ」から「ボーダレス・アート・ミュージアムＮＯ―ＭＡ」に変更）、障がい者アートにとどまらず、障がい者と健常者、福祉とアート、アートと地域社会などのボーダー（境界）を超える意味で使われている。広く使われている言葉ではない。「ボーダーレス・アート」が意味する「境界のないアート」では漠然としている。そもそもアートには障がい者も健常者もなければ、福祉も地域社会も関係ないので、「インサイダー・アート」と「アウトサイダー・アート」の境界をなくしていくことは理解できる。

「障がい者アート」はそのままなので分かりやすいが、負のイメージがある「障がい」が全面に出てきてしまうので抵抗がある。英語で「ハンディキャップ・アート」と言い換えても同じである。

そこで、認知度や意味などから、「障がい者アート」「エイブル・アート」「アウトサイダー・アート」「ボーダーレス・アート」が消えて、まだましな「アール・ブリュット」が好まれていると思われる。そして、「アール・ブリュット＝障がい者アート」のイメージが定着しつつある。

さらに、日本チャリティ協会は「パラアート」の用語を用いている。パラリンピックは、下半身まひを表す言葉「パラプレジア」と、「オリンピック」の合成語である。さらに、「パラ」が「もう一つ」を表すことから、パラリンピックをもう一つのオリンピックとしているようである。そして、この「パラリンピック」と「アート」を合成したのが「パラアート」である。二〇〇九年九月には、西武百貨店池袋本店西武ギャラリーで「二〇〇九アジア・パラアートTOKYO」が開かれている。

ちなみに、パラリンピックは視覚障がい者・肢体不自由者・聴覚障がい者がメインで、精神障がい者・臓器移植者の種目はない。近代オリンピックは一八九六年に始まっているが、パラリンピックはそれから遅れること六四年の一九六〇年に始まっている。知的障がい者に至っては、パラリンピックから更に遅れること三六年の一九九六年アトランタ大会で初めて参加が認められている。しかし、二〇〇〇年のシドニー大会で障がい者を装った健常者のいるチームが金メダルを獲得したことが発覚し、二〇〇四年アテネ大会と二〇〇八年北京大会では知的障がい者の種目がなくなる。二〇一二年ロンドン大会から、知的障がい者の種目が復活している。なお、知的障がい者を対象とした「スペシャルオリンピック」が、「パラリンピック」に知的障がい者の参加が認められた二年後の一九六八年から開催されている。聴覚障がい者を対象とした「デフリンピック」が、一九二四年から開催されている。

このように、スポーツの世界でも障がい者、中でも知的障がい者の参加は長い間閉ざされていた。

また、日本財団は障がい者アートの公募展に「多様性」を意味する「ダイバーシティ」を用いた「ダイバーシティ イン アーツ」なる用語を使用している。このように、新しい用語が生まれている。

いずれにしても、障がい者のみの展覧会であれ、障がい者と健常者が混在した展覧会であれ、「アール・ブリュット」は「障がい者アート」として適切な言葉ではない。このままでは、「障がい者アート」を意味しない「アール・ブリュット」の名称が定着する恐れがある。

「障がい者アート」という区分が必要か、必要ならどのような名称がよいかを考えなければならない。筆者は、「障がい者アート」という区分そもそもが必要ないと思っている。個展の場合は、作者名をうたえばよい。多くの作者が出品する展覧会は、展示する作品の特質を反映した名称をそのつど考えればよいと思っている。

(2)　障がい者を含む展覧会には、どのような名称が使われているか

そもそも、障がい者を含む展覧会は極めて少ない。その理由として、以下の六つが考えられる。

・障がい者を含む横断的な展覧会を企画できる人が極めて少ない。
・横断的な展覧会は経費を要し、労力も多とする。
・地域の過去及び現在の作品の調査が不じゅうぶんである。
・障がい者のみのほうが作品も集めやすいし、経費や労力も少なくて済む。
・美術史学者や学芸員はルネッサンス以降の作家に主たる関心を持っているが、無名の作家や障がい者や子どもなどの作品には関心を示してこなかった。
・日本では、障がい者以外の純粋で素朴な作品が少ない。

これらから、障がい者を含む横断的な展覧会は、規模の大きな公立美術館に限られている。

しかし、地域の美術館であっても、幼稚園・保育園、学校（小学生・中学生・高校生・特別支援学校の児童・生徒）、大学生、施設はもとより、プロ作家、素人作家、縄文時代から現代に至る先人の作品などを把握すれば、障がい者を含む横断的な展覧会は可能である。筆者が居住する青森県でも、縄文土器や棟方志功などの職業作家にも優れた作品がある。素人作家にも、優れた作品を残した人がいる。特別支援学校でも、着目に値する作品が生まれている。

特別支援学校や障がい者施設の単独展及び障がい者のみの合同展に固執していては、障がい者を囲うだけである。障がい者のみの単独展や合同展にもそれなりの意味はあるが、障がいの有無を越えて一堂に会する展覧会、障がい者を含む横断的な展覧会がもっと盛んになるべきである。

障がい者のみの単独展や合同展も企画力が問われるが、障がい者を含む横断的な展覧会こそ企画力が厳しく問われる。

「パラレル・ヴィジョン―二〇世紀美術とアウトサイダー・アート」

この展覧会はロサンゼルス・カウンティ・ミュージアムが企画・主催し、ロサンゼルス、マドリード、バーゼル、東京の四箇所で開催された。東京展は、一九九三年九月〜一二月に世田谷美術館で開催されている。

アウトサイダー・アートは、精神障がい者を中心に、知的障がい者・視覚障がい者などの作品が展示されている。モダン・アートは、クレー・エルンスト・ダリ・ベルメール・デュビュッフェなどである。図録は、図録と言うよりも論文集の感がある。

「パラレル」の意味は「平行」であるが、「パラレル」は「二〇世紀美術（モダン・アート）」と「アウトサイダー・アート」は平行で交わらないという意味ではない。「平行」と訳すよりも、「併存」がよいかもしれない。展覧会の資料には、「アウトサイダー・アート」と「モダン・アート」のある部分とを並置・対比させることによって両者の関係を探る展覧会である旨が記されている(3)。いずれにしても、大きな衝撃を与えた展覧会である。障がい者アートを語るうえで、外せない展覧会である。

「パラレル・ヴィジョン―二〇世紀美術とアウトサイダー・アート　日本のアウトサイダー・アート」

この展覧会名は「日本のアウトサイダー・アート」になっているので、障がい者アートの展覧会である。しかし、この展覧会はモダン・アートと障がい者アートの両方が展示された前述の「パラレル・ヴィジョン―二〇世紀美術とアウトサイダー・アート」の一環として同時開催されているので、「障がい者を含む展覧会」に位置づけた。なお、この展覧会には、古賀春江、渡辺金蔵（二笑亭）、山下清、草間彌生、坂上チユキ、小笹逸男（みずのき寮）、福村惣太夫（みずのき寮）、吉川敏明（みずのき寮）の作品が展示されている。

次に紹介する世田谷美術館と福岡市美術館は、名称に「素朴（ナイーヴ）」を掲げている。世田谷美術館は、(4)「技巧的・専門的・理知的・人工的等」の美術に対極する言葉として「素朴（ナイーヴ）」を掲げている。そして、「素朴（ナイーヴ）」の本質を「初心・素直・無自覚・自然・感覚的等」としている。簡単に言えば、心に素直な表現である。ここには、職業、学歴、性別、健常者か障がい者、大人か子ども、作られた時代などもいっさい関係ない。

「世田谷美術館開館記念展『芸術と素朴』」

世田谷美術館の基本理念は、芸術と人間に関わる原点として「素朴（ナイーヴ）」を据えている。一九八六年三月三〇日～六月一五日に開催されたこの展覧会は、(5)「素朴派の系譜」「近・現代美術と素朴」「原始美術と民族美術」「子どもと美術（知恵おくれの人たちの作品を含む）」の四つの部門で構成されている。ピカソ、ゴーギャン、シャガール、ミロ、クレー、エルンスト、デュビュッフェ、ポテロ、山本作兵衛、丸木スマ、円空、大津絵、北川民次、棟方志功、谷内六郎、篠原有司男、埴輪、土偶、彩文土器、アフリカの仮面、北米インディアン等を含む膨大な作品の中に、障がい者の作品も展示されている。

「コレクション一〇年の歩み　芸術と素朴」

世田谷美術館開館一〇年後に、開館記念展と同じタイトルの「芸術と素朴」展が、一九九六年一〇月五日〜一二月一日に開かれている。

「ヨーロッパ・アメリカ」では、ルソー、ミロ、カンディンスキー、ボーシャン、ボンボワ、モーゼス、ピカソ、デュビュッフェ、ポテロ、ラウシェンバーグ、エルンストらとともに、オーストリアのマリア・グギング精神科病院内にある芸術家の家の作家の作品も展示されている。

「日本」では、向井潤吉、稲垣知雄、谷内六郎、阿部合成、横尾忠則らとともに、山下清や草間彌生などの作品が展示されている。

世田谷美術館の開館記念展では四〇〇点以上の作品を外部から借用したのに対して、開館一〇年後の展覧会は収蔵作品のみで構成されている。日本の障がい者の作品が少ないのは、世田谷美術館が障がい者の作品をあまり収蔵していないことによると思われる。開館一〇年後の展覧会以降、四半世紀くらい経過している。この間、障がい者の作品の収蔵が進んでいるかは分からないが、素朴（ナイーヴ）を基本理念にしている美術館ならば、障がい者の作品の積極的な収蔵を期待したい。

「ナイーヴな絵画展」

この展覧会は、二〇〇二年九月七日～一〇月一四日に福岡市美術館で開催されている。ルソー、ピカソ、岡本太郎、谷内六郎らとともに、山下清やねむの木学園の作品が展示されている。展覧会のタイトルにもあるとおり、「ナイーヴ」がキーワードになっている。

(3)　障がい者のみの展覧会には、どのような名称が使われているか

①　障がい者の展覧会であることを前面に出したもの

メイン・タイトルに障がい者の名前を冠した展覧会は少ない。しかし、「アール・ブリュット」を「障がい者アート」を指す言葉とするなら、「アール・ブリュット」そのものが「障がい者」を前面に打ち出していることになる。

近年は二〇二〇年の東京オリンピック・パラリンピックと連動させて、国（厚生労働省及び文化庁）が障がい者の文化芸術活動に対する支援を加速させていることもあって、「アール・ブリュット」や「障がい者」を前面に打ち出した展覧会が増えてきているように思われる。以下、「アール・ブリュット」や「障がい者」などを前面に出しているものを、一部紹介する。

「ABLE ART'96　OSAKA」

財団法人たんぽぽの家が企画し、大阪国際交流センターで開かれた展覧会である。京都、滋賀、大阪、北海道、奈良の施設と、千葉の盲学校が出品している。


「ABLE ART'97　東京展　魂の対話」

この展覧会は、東京都美術館・日本障害者芸術文化協会・朝日新聞社が主催し、一九九七年七月～八月に東京都美術館で開催されている。みずのき寮（京都府亀岡市）の絵画作品、千葉盲学校の粘土作品を中心に、スタッフである西村陽平及び西垣籌一の作品も展示されている。


「アール・ブリュット『生の芸術』―その発見と未来―」

この展覧会は小出由紀子の企画・構成によって、一九九七年九月～一〇月に京都文化博物館で開催されている。

一麦寮、もみじ寮・あざみ寮、近江学園、びわこ学園、みずのき寮の国内作家一一人九〇点のほかに、国外作家三人四六点の作品が展示されている。

この展覧会の大きな特色に、国外作家の作品が展示されたことが挙げられる。


「アール・ブリュット／交差する魂」

この展覧会は、スイス（ローザンヌ市）のアール・ブリュットコレクションと滋賀県近江八幡市のボーダレス・アートミュージアムNO―MAが連携した展覧会で、二〇〇八年一月から七月にかけて、北海道立旭川美術館、ボーダレス・アートミュージアムNO―MA、松下電工汐留ミュージアム（現パナソニック汐留ミュージアム）で巡回展が開かれている。

スイス・ローザンヌで二〇〇八年に開かれた、アール・ブリュット・コレクションによる企画展「JAPON」と同時開催されたものである。

「アール・ブリュット・ジャポネ」

この展覧会は、前述の企画展「JAPON」が会期を延長せざるをえないほど好評を博したことや、オーストリア・ウィーンにも巡回したことから、パリ市立アル・サン・ピエール美術館長の目に留まったことが契機になって開かれている。二〇一〇年三月～二〇一一年に、パリ市立アル・サン・ピエール美術館で開催された展覧会である。この展覧会には、美術館が選出した約一〇〇〇点の作品が展示されている。埼玉県立近代美術館と新潟市美術館で国内巡回展が開催されている。さらに、パリ展の出品作品による企画展が福岡アジア美術館で開かれている。

「生命の徴～滋賀とアール・ブリュット」

二〇一五年一〇月～一一月に滋賀県立近代美術館で開催された展覧会である。県内及び京都の施設・法人である、近江学園、信楽学園、落穂寮、びわこ学園、もみじ・あざみ、湖北まこも、やまなみ工房、信楽青年寮、みずのきなどで制作された作品が展示されている。図録も必見である。

なお、滋賀県立近代美術館は「アール・ブリュット」を新たなコレクションの核に加えた「新生美術館」として生まれ変わる予定になっていたが、建築工事の入札不調もあって、計画が凍結されている。

「終わりのない着地点―アール・ブリュット―」

主催が厚生労働省・鹿児島県・鹿児島市、企画制作が特定非営利法人はれたりくもったり、主管が第一五回全国障害者芸術・文化祭かごしま大会実行委員会で、二〇一五年一一月に鹿児島県歴史資料センター黎明館・かごしま県民交流センターで開催されている。

「青森アール・ブリュット公募展」

青森アール・ブリュットサポートセンターが主催した公募展である。審査は、作品の写真（2Lサイズ）で行われている。入選作品を二〇点に制限している。審査員の名前は公表されていない。

「アール・ブリュット」を冠した展覧会は、他にもある。これらの「アール・ブリュット」

を冠した展覧会によって、「アール・ブリュット」が「障がい者アート」であると誤解する源になっているのは否めない。

「アート・ナウ98――ほとばしる表現力『アウトサイダー・アート』の断面」

一九九八年一二月に兵庫県立美術館（神戸市）で開催された展覧会で、アウトサイダー・アートの名称が使われている。この展覧会は障がい者アートが美術館の視野にあまり入っていなかった頃なので、世田谷美術館で一九九三年に開催された「パラレル・ヴィジョン――二〇世紀美術とアウトサイダー・アート　日本のアウトサイダー・アート」と同様に、美術館の企画展として注目に値する。

また、アウトサイダーの名称が使われた展覧会には、高浜市やきものの里かわら美術館の企画展として二〇〇五年に開催された「アウトサイダー・アート展：描かずにはいられない表現者たち」などもある。

「東京都障害者総合美術展」

主催が東京都、主管が公益財団法人日本チャリティ協会で開催された公募展である。審査員は公表されている。審査は、写真ではなく実物で行っている。

出品申込書に、「障害について」の欄があるのが気になる。

「全国障害者アート公募展　みんな北斎」

「すみだ北斎美術館」開館記念事業として、主催が東京都墨田区、企画運営がNPO法人エイブル・アート・ジャパンで開催された公募展である。一次審査は写真、二次審査は実物で行われている。審査員は公表されている。応募用紙に、「障害の種別」欄があるのが気になる。「北斎」がキーワードになっているが、障がい者アートと北斎を結びつけるのには違和感がある。障がい者のアートは一人一人違うし、北斎とも違う。北斎のような優れた作品であることを言いたいのかもしれないが、かえって先入観や固定概念を植えつける恐れがある。

同様の展覧会に、「ピカソ」をうたったものもある。特別支援学校の子どもたちのアート作品発表の場として、NPO法人PandA―J主催による「小さなピカソたちの夢―第一回アート甲子園」が二〇一〇年三月にOAGドイツ東洋文化研究協会OAGハウスで開かれている。審査員が公表され、応募作品による作品集が作られている。また、小学校教員が退職後に、障がいを持つ子どもを対象にした「子ども美術教室・ピカソ」を鹿児島県南さつま市に立ち上げている例もある。これらの「ピカソ」も、「北斎」と同様の問題がある。

「第三回やまがた障がい児者アート公募展　ART DIGる～べ」

山形県知的障害児者生活サポート協会が主催した展覧会である。一次審査は作品の写真及び作品のＰＲ文、二次審査が実物で行われる。審査員は公表されていない。

②　施設名や学校名を前面に出したもの

施設名や学校名を前面に出したものはあまり多くはないが、一部紹介する。

「みずのき絵画展―内なる声を描いた画家たち―」「みずのき寮―無心の画家たち―」「みずのき寮からの発信―言葉はいらない　魂との出会い―」

「みずのき」及び「みずのき寮」とは、京都府亀岡市にある精神薄弱者更生施設みずのき寮（現障害者支援施設みずのき）のことである。西垣籌一が三四年間講師を務めていた絵画教室で、才能が開花する。トヨタ財団から研究助成を受けている。二〇一二年には、「みずのき美術館」が開館している。

「アトリエインカーブの三人展―寺尾勝広／寺井良介／阪本剛史―」

「アトリエインカーブ」は、大阪市平野区にあり、知的に障がいのある現代アーティストたちの創作活動の環境を整え、作家として独立することを支援している。京都市中京区に、「ギャラリーインカーブ京都」を展開している。

法人理事長の今中博之は、厚生労働省・文化庁の「障害者の芸術振興に関する懇談会構成員」「障害者文化芸術活動推進有識者会議構成員」などを務め、積極的に発言している。議事録は公表されている。さらに、障がい者の芸術文化活動の担い手を育成するために、美術大学（東京藝術大学・金沢美術工芸大学・愛知県立藝術大学・沖縄県立藝術大学など）にも積極的に協力している。また、東京オリンピック・パラリンピック競技大会組織委員会の文化・教育委員会委員にも就任している。

さまざまな活動を通して、障がい者の表現活動及び展覧会の在り方などについて、精力的に発信し、問題提起している。

「工房しょうぶ展―nui project＋木・土・紙の仕事―」

鹿児島市の知的障害者施設しょうぶ学園（現ライフサポートセンター　しょうぶ学園）が、神奈川県葉山町で開催した展覧会である。一九八六年から、県内外及び国外で積極的に作品を発表している。

しょうぶ学園には布・木・土・和紙の四つの工房があることから、「工房しょうぶ」の名前がついている。しょうぶ学園の敷地内には、二つのギャラリー（Sギャラリー・ｏｍｎｉギャラリー）がある。さらに、しょうぶ学園には音パフォーマンス集団「ｏｔｔｏ＆ｏｒａｂｕ」があり、ライブなども行っている。

③　作品の特徴などを表す名称を主にしたもの（施設名や学校名や障がい者を副にしたものを含む）

「土と色」―ちえおくれの世界」「土と色」―ひびきあう世界」

この展覧会は、一九八一年九月から二〇一六年一一月の三五年間に一六回開催されている。滋賀県の障がい者施設を中心に、京都府の施設の作品と合わせて、京都市美術館で展示されている。一九八一年の第一回展では二四施設から約五〇〇点、一九九九年の第一〇回展では五三施設から約二〇〇〇点出品されている。このように、広がりを見せている。「土と色」のタイトルからも分かるように、土粘土作品を中心に、絵画や染色作品が展示されている。サブタイトルの「ちえおくれの世界」は、第一一回展から「ひびきあう世界」に変更されている。「土と色」は作品の特徴というよりも、作品の種類（土粘土及び絵画・染色）からきている。展覧会終了後は、毎回のように、展覧会の記録冊子が作成されている。

なお、同趣旨の展覧会は、「土と色」展（世田谷美術館区民ギャラリー）、「土をうたう」展（こどもの城アトリウムギャラリー［東京青山］）、世田谷美術館区民ギャラリー、世界陶芸祭企画展示［滋賀県立陶芸の森］）などでも開催されている。

さらに、出品施設の多くは、施設単独でも積極的に展覧会を開催している。滋賀県の施設では「一麦寮（現一麦）」「落穂寮」「第二びわこ学園（現びわこ学園医療福祉センター野洲）」など、京都府の施設では「みずのき寮（現みずのき）」などである。一麦寮には寮長の吉永太市、落穂寮には池谷正晴、第二びわこ学園には粘土室担当の田中敬三、みずのき寮には絵画教室講師の西垣籌一がいたのである。

「土と色」展のサブタイトル「ちえおくれの世界」が、第一一回展から「ひびきあう世界」に変更されている。名称の問題は、次の三つに要約できる。(6)

① 外部や内部の施設から「ちえおくれ」が差別用語ではないかと問題視された。展覧会に参加する施設の減少や支援団体喪失の危惧という、展覧会の内容よりも人権問題として捉えられた。

② 「ちえおくれ」なる言葉は、差別を意識して命名された言葉ではない。人の中に差別意識があるかぎり言葉を替えても意味がない。差別のない平等なところに差別語は生まれない。

③ 名称問題は、展覧会が差別解消のために重要な役割を果たさなければならないことを再認識させてくれた。

また、「土と色」展に関わった施設のスタッフたちからは、(7)「ちえおくれ」の言葉を使うことに関して、「知恵遅れの人たちには独自の世界があってもよい」「当時は差別的な意味を持っていなかった」「世の中の他の造形活動と対等な形で見せたかった」「劣った存在ではなく、一つのありようとして打ち出していかなければ」「われわれよりも一段下の人間だという見方を変えようと思った」「一般の、ものを作る人々と対比するために使っただけ」「問題提起としてあえて使ったところもあった」「単なる呼称の問題」「付けなくてもという意見もあったが、あえて付けた気もある」「あの段階では付けてよかったのでは」「『ちえおくれの世界』という言葉を使うことによって、障害を持っている人たちの生き方を示すことができる」「言葉を換えることによって、ほんとうにこの人たちのことを理解できたことになるのか」「『ちえおくれの世界』という独自の世界とはどういうことなのかを通して、われわれが学び育ってきた」などの意見が出されている。

最初の「土と色」展が開催された四〇年ほど前は、障がい者の才能がまだあまり評価されていなかったと思われる。よく知られている福祉の言葉に、糸賀一雄の「この子らを世の光に」がある。「この子らに世の光を」ではない。「この子らに世の光を」だと、健常者による上から目線の、能力に劣るという障がい者観がある。障がい者に対して同情し、恵んであげるという発想がある。それに対して、「この子らを世の光に」には、この子らの才能が引き出される環境づくりとともに、開花した才能が世の光になるという発想がある。健常者による上から目線の消えた、「この子らは世の光なり」の世界がある。

当初、「ちえおくれの世界」としていたのは、知的障がい者が一人前の人間として認められていなかった時代である。そのような時代にあって、障がい者は能力的に劣る存在ではなく、作品に触れる人々を根底から揺さぶる優れた能力があることを伝えることによって、障がい者に対する社会の意識を変えたいという願いもあったのではないだろうか。

「土と色」を鑑賞すると、一人一人の個性が開花しているので、一人一人の作品の違いとその開花した表現に圧倒される。そして、人間が一人一人違うことを思い知らされる。

この展覧会は、「障がい者への同情」や「障がいにもめげずに努力している姿を訴えたい」「社会の理解を深めたい」「社会への参加及び交流を深めたい」などのおごりが吹っ飛んでしまう展覧会である。

展覧会で、特別支援学校や障がい者施設の名前を出すと、そのこと自体が障がい者の展覧会であることが明白になる。いずれにしても、「名称」は関係者が議論していくことが重要である。

どのような名称であれ、障がいを冠することによって先入観を与えるリスクが大きい。優れた作品を展示した結果、「障がい者のみの展覧会」「障がい者も含む展覧会」「障がい者を含まない展覧会」のいずれかになるにすぎない。展覧会の企画者には、優れた作品を発掘し、その作品の特徴を表す展覧会名を考えて、鑑賞者の心に響く展覧会を開催することが求められる。

「彩よいのちよ展―秘められた可能性の開花―」

この展覧会は、前出した「みずのき寮」が一九八七年一〇月に霞ヶ関の全社協ホールで開催した大規模な絵画展である。「彩」と「可能性の開花」が、キーワードになっている。この展覧会は絵画展なので、「彩」がメインであるのは理解できる。「みずのき寮」の絵画展のキーワードは、この他にも前出の「内なる声」「無心」「魂」がある。さらに、「十人十色」なども使われている。

「どろんこのうた展―小さな偉大な詩人たち―」

愛媛にある「野村学園」の展覧会である。「野村学園」は後述するが、日常生活から生まれた口述詩に絵を添えた木版画で表現している「版画詩」である。メインは、絵ではなく詩になっている。

キーワードは、「どろんこ」と「偉大な詩人」である。「どろんこ」は、どろんこ遊びや山歩きの中で多くの声音詩・口述詩が生まれたことに由来している。「偉大な詩人」は、詩がメインであることによる。キーワードは、この他にも後述の「無心」や、「美しい心」「美しい詩」

などがある。

「野村学園」の詩に、作曲家池辺晋一郎が曲をつけた『こどものための合唱組曲どろんこのうた』もある。

「掌の中の宇宙―さわって見よう展」

千葉盲学校は、西村陽平によって才能が開花した粘土作品がたくさん生まれている。盲学校なので、触覚の「さわる」ことが重要な感覚となる。足や身体全体の触覚もあるが、手が大事になってくるので「掌の中の宇宙」がキーワードになっていると思われる。この展覧会は、大阪のギャラリーアートガレージで一九九四年に開かれている。

「掌の中の宇宙」をキーワードにした展覧会は、ＴＥＰＣＯ地球館ギャラリーや千葉県市原市水と彫刻の丘（一九九六年）でも開催されている。ほかに、「手で見る静寂」をメイン・タイトルにした展覧会が一九九二年に福岡市美術館で開かれている。

さらに、海外展がカナダバンクーバー（一九八四年）と韓国ソウル（一九八六年）で開かれている。

千葉盲学校の多くの作品は、愛知県陶磁資料館に寄贈されているので、作品の散逸が防がれている。二〇一二年には、これらの作品が愛知県陶磁資料館で展示されている。壮観であった。

なお、西村陽平はアーティストとしても、国内外で積極的に発表し続けている。

「土は叫ぶ・自由空間の造形――落穂寮こどもたちの作品――」

この展覧会は、一九八八年に西武百貨店所沢店で開催されている。落穂寮は滋賀県湖南市にある知的障がいの施設である。一九五〇年に児童施設として設立されたが、二〇〇〇年に成人の更生施設に変更している。指導員の池谷正晴（現第二栗東なかよし作業所）によって個性が引き出され、優れた粘土作品が次々と生まれている。キーワードの「土は叫ぶ」からも、粘土作品であることが分かる。作品は、黒陶による焼成である。

銀座の画廊で八回、渋谷の「こどもの城」などでも展示している。

「しげん　始原――芸術のはじまりと終着点――」

「遊戯焼・染展――一麦寮生作品――」

この二つは、滋賀県湖南市にある知的障害児施設「一麦寮」の展覧会である。「一麦寮」は一九七四年に知的障害者更生施設に移行し、二〇一二年から「一麦」に名称を変更している。寮長の吉永太市によって、個性が引き出される。吉永太市は子どもの自発性を重視するとともに、子どもの自発性を失わせる大人の不当な介入・干渉を厳しく批判している。

「―芸術のはじまりと終着点―」は、一九九七年四月～六月に秋田県立近代美術館で開催された展覧会である。キーワードの「始原」は、創造こそ芸術のはじまり（始原）であったとの考えによる。同じく、秋田県立近代美術館で二〇〇一年四月～六月に、「こんな巨匠どこにいたの？　一麦寮生によるいのちの創造」展が開かれている。

「遊戯焼・染展―一麦寮生作品―」は、一九九一年一二月に六本木のストライプハウス美術館で開催された展覧会である。キーワードの「遊戯《ゆげ》」は、粘土などに没頭する姿を子どもの側から「遊び・遊戯」と捉えていることによる。

「にゃにゅにょ―びわこ学園ねんど作品―」

この展覧会は、「土と色―ちえおくれの世界」「土と色―ひびきあう世界」でも触れた、「第二びわこ学園（現びわこ学園医療福祉センター野洲）」の展覧会である。一九九三年九月に、六本木のストライプハウス美術館で開催されている。

「第二びわこ学園」には一九七九年に「粘土室」が作られ、担当の田中敬三によって、夢中になって粘土に取り組む姿が引き出されている。

「第二びわこ学園」のキーワードは、「にゃにゅにょ」である。下関など県内外での展覧会も多い。いずれの展覧会でも、「にゃにゅにょ」がメイン・タイトルになっている。田中敬三が制作の様子を撮影した、同名の写真集も発行されている。

「にゃにゅにょ」は、変幻自在に変化する土粘土の様子である「にゃにゅにょ」「にゅるにゅる」「ねちゃねちゃ」「ぐちゃぐちゃ」などの、「にゃにゅにょ」からきているようである。

「すごいぞ、これは！＝This is amazing!」

「文化庁平成二七年度戦略的芸術文化創造推進事業」として、文化庁・埼玉県立近代美術館・心揺さぶるアート事業実行委員会の主催によって、二〇一五年に埼玉県立近代美術館で開催されている。一二人の推薦者が推薦した一二名の障がい者の作品を展示している。

二〇一五年から二〇一六年にかけて、札幌芸術の森美術館・藁工ミュージアム・鞆の津ミュージアムでも巡回展が開かれている。

「豊かな心情の世界展　弘前大学教育学部『附属養護学校の子どもたちの作品』」

この展覧会は、一九九二年一二月に東北電力グリーンプラザ（仙台市）で開催されている。「豊かな心情」をメイン・タイトルにした展覧会は、一九八五年から一九九四年にかけて、青森県弘前市や仙台で七回開催されている。この七回の展覧会は、いずれも筆者が主導した。

人間を「体―心」ととらえる二元論が支配的だが、人間の生命は「身体と心情」で構成され、その後に時として生命を脅かす我欲としての精神が闖入《ちんにゅう》したとする古代ギリシャに端を発する「身体―心情―精神」の考え方がある。ドイツの哲学者ルートヴィッヒ・クラーゲスは、「生命（身体と心情）」を脅かす存在としての「精神」を鋭く追求している。

健常者は、精神がややもすると執我として働いて生命を脅かしがちだが、発達に遅れがある人たちは精神が捨我として働くために心情が豊かである。造形が目覚めるのは、我欲のない精神の働き（捨我）によるとされる。心情を豊かにして、精神とのバランスをとる生き方が求められている。

よって、発達に遅れがある人たちの表現の特徴である「豊かな心情」に着目するとともに、発達に遅れがある人たちに見られる「豊かな心情」の今日的意義はとても大きいとの考えから、展覧会名を「豊かな心情」とした。

なお、七回の展覧会で展示された作品は学校で保管されていたが、その後に全て廃棄されている。どのような経緯で廃棄されたかは分からない。

障がい者の優れた作品の保存が課題である。アート・フェアなどで売られる場合は購入者によって保存されるのでよいが、そうでない場合の保存である。例えば、公立美術館が障がい者から作品を寄附してもらって、文化財として積極的に収集・展示していくことは可能ではないだろうか。

「スーパーピュア二〇〇一〜アートの世界の組みかえが始まる」

この展覧会は、二〇〇一年一〇月〜一一月に開催された現代美術の祭典「ヨコハマ トリエンナーレ」の関連事業として開催されている。オランダの作家の作品が横浜市民ギャラリー、国内の作家の作品がヨコハマポートサイドギャラリー・障害者スポーツ文化センター横浜ラポール、立体作品が三菱ランドマークタワー三階で展示されている。会期中には、横浜美術館レクチャーホールでシンポジウムも開催されている。

その後の「スーパーピュア」展は、二〇〇五年にヨコハマポートサイドギャラリー、二〇〇八年と二〇一三年に横浜市民ギャラリーあざみ野で開かれている。

キーワードの「スーパーピュア」は直訳すれば「超純粋」となるが、第三回展の紹介文では「真っ直ぐでシンプルな表現」とある。

④ 障がい者の作品の特徴ではなく、一般的な名称のもの

「DIVERSITY IN THE ARTS 企画展」

「DIVERSITY IN THE ARTS 公募（作品）展」

日本財団が主催し、企画展と公募展がある。ビッグ・アイや銀座NAGANOなどで開催されている。公募展の審査は、写真ではなく実物で行われている。審査員も公表されている。

キーワードになっている「DIVERSITY」の意味は、「多様性」である。社会は、老若男女や障がい者・健常者など多様である。日本財団は、誰でも参加できるインクルーシブな社会の実現を目指している。二〇一八年から始まった公募展は、障がい者にアート活動の支援をし、社会への発信を通して多様性の意義と価値を社会に伝えることを狙っているようである。「DIVERSITY」は障がい者のアート作品の多様性を指す言葉でもあるが、障がい者のアート作品が多様な社会と交流する意味もあるように思われる。

公募展は障がい者の作品を対象としている。「DIVERSITY」が意味する「多様性」は、必ずしも障がい者アートの豊かさを表しているとは思わない。

また、応募用紙に「障がい種別」の記入欄があるのが気になる。

「こころのアート展　障がい者芸術の世界」

サブタイトルで障がい者の作品であることが分かるが、メイン・キーワードは「こころ」である。「こころ」からは、障がい者のアートが連想できない。

公益財団法人こうべ市民福祉振興会が主催し、第八回展が二〇一八年一〇月～一一月にしあわせの村（神戸市）で開かれている。兵庫県内が対象で、入選は一〇名になっている。応募作品は、絵画・書・写真・陶芸・彫塑・織物などでジャンルは自由になっている。代表作三点のカラー写真を添えて応募する。入選者には、展示可能な作品が一〇点程度あることが求められている。審査員は、公表されている。応募用紙に、「障害の種類」欄があるのが気になる。

「Art to You! 東北障がい者芸術 全国公募展 おっ! これなんだ!! 心ゆさぶる作品たち。出会いつながる、出会うよろこび。」

サブタイトルで心ゆさぶる障がい者の作品であることが分かるが、メイン・キーワードは、「Art」である。「Art」は広くかつ一般的な名称なので、障がい者のアートを意味しない。

この展覧会は、公益社団法人東北障がい者芸術支援機構が主催している。一次審査が写真、二次審査が実物で行われている。審査員は公表されている。出品申込書に「障がいの種別」欄があるのに驚かされた。それも、公益社団法人である。

「アウトプット展」

「アウトプット展」はアウトプット展実行委員会が主催し、「アウトプット展」をメイン・タイトルにした二〇一五年の「アウトプット展 どう見える? 生きる跡 アート、青森県内特別支援学校の児童・生徒・卒業生の造形作品展」と、二〇一八年の「アウトプット展『ヒト・トコロ・コト 関係性のなかで』青森県内特別支援学校・支援学級・福祉事業所の造形作品展」

の二回開催されている。以下、メイン・タイトルの「アウトプット」を考えてみたい。

ご承知のとおり、「アウトプット」及び「インプット」はデジタル世界のコンピュータ用語である。最近ＡＩ（人工知能）も話題になっているが、コンピュータは入力した情報に大きく左右される。

「アウトプット」は情報をディスプレイに出したり、印刷したりする「出力」を表すので、「アウトプット展」だとディスプレイやプリンターなどの「アウトプット」に関連する機器の展示会だと思うかもしれない。又は、出力した映像やプリントしたものの展覧会を想像するかもしれない。

デジタルで情報を入力するのが「インプット」、入力したデジタルの情報を処理するのが「インフォメーション・プロセシング」、処理した情報を取り出すのが「アウトプット」である。「アウトプット」は結果にすぎない。「アウトプット」はどのような情報を入力（インプット）し、どのように処理（インフォメーション・プロセシング）するかに大きく左右される。

「アウトプット」は、コンピュータの内部で処理したものを取り出して表に出すことなので、ある意味では「表現」に当たる。第一回「アウトプット展」を記録した図書[8]には、「自分が持っているものを外に吐き出す。それぞれの表現ということになります。」とあるので、「表現」と訳すことになるようである。

「アウトプット展」の「持っているものを吐き出す」だと、「持っているもの＝インプット」を「吐き出す＝アウトプット」になり、重要な処理過程である「インフォメーション・プロセシング」が欠落する。コンピュータ用語を肯定したとしても、「アウトプット」に決定的な影響を与え、自分と対話しながらイメージを創り上げて表現に向かう「インフォメーション・プロセシング」の過程を割愛することはできない。

いずれにしても、「アウトプット」はデジタルの世界である。コンピュータ・アートもあるが、本来のアートは手で触りながら、主体的に体性感覚に働きかけるアナログの世界である。作品は、その結果にすぎない。

「アウトプット展」を「出力展」「表現展」と解釈したとしても、どのような環境で、どのように働きかけるかが重要なのに、結果としての作品を重視することに変わりがない。しかも、作品はそもそも表現されたものなので、わざわざ表現を意味する「アウトプット」にする必要はないと思われる。

「アウトプット」は、障がい者の個性の豊かさや表現の豊かさを伝える名称とは思わない。

⑤　スタッフ名（指導者名）を前面に出したもの

このタイプの展覧会は、極めて少ない。スタッフ（指導者）の作品を障がい者の作品といっしょに展示しているが、障がい者の作品が大半を占めている。

スタッフは、本来、黒子でなければならない。主役は障がい者なので、スタッフ（指導者）の名前を前面に出さなければならない理由が分からない。

「三浦清の詩とメルヘン展―十一人の障害児との出合いから―」

小学校教師の三浦清が、六年間に出会った三校一一人の障がい児と共同制作した作品及び三浦清自身の版画作品などが展示されている。一回目が一九八七年、四回目が一九九〇年に青森県八戸市で開催されている。

「ねむの木学園の子どもたちとまり子美術展」

ねむの木学園の展覧会は一〇〇回以上開催されているが、この名称の展覧会が多い。「まり子」とは、法人の理事長・園長・学校長である宮城まり子である。宮城まり子は、美術・音楽・ダンスなどの授業にも深く関わっている。展覧会では宮城まり子の友禅染の作品なども展示されることもあるが、大半は子どもたちの作品である。

なお、通称「ねむの木村（静岡県掛川市）」には二つの美術館（ねむの木こども美術館・ねむの木美術館緑の中）がある。

⑥　その他

「八木一夫が出会った子供たち―土・造形の原点―」

この展覧会は、一九九三年九月～一〇月に滋賀県立陶芸の森「陶芸館」で開かれている。展覧会のタイトルに陶芸家の八木一夫の名前があるのは、一九五〇年代初めに近江学園窯業科のボランティア指導員をしたり、その後の一麦寮との関わりなどを通して、施設の粘土活動に大きな影響を与えたからである。

⑦　美術以外の展覧会

「障がい者アート」は、絵画や粘土などの美術作品による展覧会が多く開催されているので、どうしても、「『障がい者アート』＝『美術』」のイメージが強いのは否めない。しかし、「書」や「口述詩」などにも優れたものがある。

文化・芸術の分野は、美術以外にもさまざまある。得意・不得意もある。新たな分野と出会って、突然開花する場合もありうる。いろいろなものに出会い、経験する機会を提供することが重要である。

ア　書

「二〇〇六林原国際芸術祭『希望の星』―文字を描く―」

この展覧会は、二〇〇六年一〇月～一一月に岡山市の林原美術館で開催されている。施設・工房・クラブなどの書が、五〇点ほど展示されている。

障がい者の書は、乾千恵や金澤翔子なども個展などで積極的に発表している。

イ　詩

「無心の詩人たち　どろんこのうた　版画詩展」

この展覧会は、二〇一七年一一月に松山市のいよてつ高島屋六階美術画廊で開催されている。

愛媛県東宇和郡野村町（現愛媛県西予市野村町）にある知的障がい児施設（現障害者支援施設「野村学園」）では、一九七〇年頃から、日常生活で多くの口述詩が生まれている。ストレートで率直かつ強い詩に驚かされる。その口述詩を粘土板に書いたり（陶板詩）、木版画にしたり（版画詩）している。「版画詩」がメインで、「版画詩」という領域を生みだしている。スタッフの仲野猛をリーダーに、展覧会・詩集・カレンダー・図書などで積極的に発表している。

(4)　障がい者アートの特徴を表す言葉には、どのようなものが使われているか

これまで述べてきた展覧会で使われている言葉の中の、「エイブル・アート」「アウトサイダー・アート」「アール・ブリュット」「ボーダーレス・アート」「パラアート」はふさわしいとは思わない。また、「心のアート」「心ゆさぶる」「ほとばしる表現力」「アウトプット」「魂との出会い」「すごいぞ、これは!」「きになる」なども抽象的で愕然としている。

障がい者アートの特徴を表す具体的な言葉は、「素朴（ナイーヴ）」「無心」「スーパー・ピュア」「遊戯《ゆげ》」「にゃにゅにょ」「豊かな心情」くらいである。

これ以外に、「リビドー」を使っている例もある。「リビドー」は、フロイトによる「性的側面での本能的（原始的）欲求から誘発される本能的なエネルギー」とされる。心理学用語かつ精神分析の用語である。これらから、「リビドー」がふさわしいかは疑問である

また、「人・ひと・ヒト」や「モノ・者・物」の言葉が入った展覧会もある。「人・ひと・ヒト」や「モノ・者・物」となると、言葉遊びのようにも思える。

筆者が把握している展覧会は一部にすぎないので、ほかにもさまざまな名称が使われていると思われる。しかし、展覧会の名称は、本では表紙に当たる。作品の特徴を具現する名称でなければならない。名称には、展覧会の企画者及び作品の選定者のコンセプトが如実に反映され

る。企画者及び作品の選定者の力量が問われる。使う名称は、徹底的に吟味しなければならない。名称の根拠やコンセプトを、きちんと整理することが急務である。この整理なくして、展示する作品を選ぶことはできない。安易にネーミングしてはならない。

２　公募展は問題が多い

公募展も展覧会の一つの方法なので、全否定するつもりはない。そもそも展覧会は対象が障がい者であれ、健常者であれ、簡単に開催すべきではない。障がい者の展覧会は、国の補助金の増加などもあって、ブームになってきている感さえある。

経費確保の見通しがあれば、障がい者のみの展覧会は企画展か公募展かに関係なく、展覧会を開催するハードルは決して高くない。中でも公募展は、アナウンスさえすればそれなりに作品が集まるが、障がい者の公募展は課題が山積している。

(1) 優れた作品を発掘しにくい

優れた作品がある場合は応募を勧めるとしても、公募展は基本的に応募してきた作品を審査するだけである。優れた作品が、全て応募してくる保証はない。

公募展は応募してきた作品を審査するだけなので、企画者や審査員にとっては楽である。しかし、企画展か公募展かに関係なく、そもそも展覧会は埋もれている作品を発掘して展示することが重要である。ならば、地域の学校・施設などを積極的に訪問したり、関係者から情報を得るなどして、現場で生まれている作品の把握に努めなければならない。そのためには、くまなく地域に足を運ばなければならない。作品の発掘に、大きな労力を伴うのは必然である。

応募してきた作品だけでも、展覧会は開催できるかもしれない。来場者がそれなりにあれば、企画者も鑑賞者も満足するかもしれない。しかし、それでは展覧会として社会的な責任を果たすことができない。

(2) 作品の質を担保しにくい

公募展の中には、入選作品の数が決められているところもある。さらに、作品の大きさや重さの上限まで決めているところもある。このように、募集の段階で、制限している公募展もある。

会場は、入選作品が決まってから作品に合わせて決めるべきなのに、募集の段階で決めているところがほとんどである。選考基準に合う優れた作品が一点もなければ、展覧会を中止すればよい。少なければ、会場を変更すればよい。予想よりも優れた作品が多い場合は会場のキャパシティに合わせて制限するのではなく、優れた作品の全てを展示できる会場に変更すればよい。

展覧会は優れた作品を発掘し、多くの人に触れてもらうことが重要である。応募作品の搬入や展示会場などの物理的な事情が優先するのはおかしい。予定している会場に合わせて、展示作品を制限するのは本末転倒である。審査を通った作品の点数や大きさに合う会場を探せばよい。会場探しは、それほど難しいことではない。

(3)　審査基準が示されない

審査基準が明示されている応募要項を、見たことがない。審査基準は、その展覧会の特徴を決定づけるものである。どのような作品に焦点を当てて、どのような展覧会にしたいのかは、審査基準によって見えてくる。漠然とした展覧会を避け、展覧会の特徴を明らかにするために、審査基準は公表されなければならない。

応募された作品は、審査員がその場で選んでいるのが実態ではないだろうか。審査基準からかけ離れた作品を応募すれば、応募の労力がむだになる。応募者にとっても、審査委員にとっても、審査基準が明示されなければならない。審査基準を決めることは、「選ぶ作品」と「選ばない作品」の両方の基準を可視化することである。この両方の基準を決めることは、企画展でも同じである。

本来は、応募資格を障がい者に限定せずに健常者も含めるとともに、審査基準に合う作品を展示すべきである。

(4) 審査員を公表していないところもある

公募展は公的なものなので、社会的に大きな責任を負っている。よって、選考の責任を明確にするためにも、誰が審査するかは事前に公表しなければならない。公表している公募展は多いが、公表していない公募展も散見される。

公表されている審査員は、公募展によってさまざまである。審査員は、現場のスタッフ（指導者）、学芸員、研究者、美術作家、関係団体の責任者などが多い。審査員によって入選作品に差異が生じることになるので、審美眼・眼力のある審査員を充実させられるかが鍵となる。少なくとも、美術関係者だけで固めないほうがよい。

(5) 写真では作品が評価できない

応募作品の審査は、「実物のみ」「写真のみ」「実物と写真の併用（一次審査～写真、二次審査～実物）」に大別できる。「実物のみ」はまれで、「写真のみ」と「実物と写真の併用」が多い。

そもそも、「写真」と「実物」は別物である。作品は写真ではなく、実物で評価されるべきである。出品者の負担を考慮するなら、審査員が出向くことも考えるべきである。選考に労力を惜しんではならない。作者の思いを受け止めるなら、時間・経費・労力などを言い訳にしてはならない。選考を「写真でよし」とする、企画者及び審査委員の認識に驚かされる。

また、健常者の公募展は応募費用（出品料）の必要な場合がほとんどであるが、障がい者の公募展はほとんどが無料になっている。ここには、障がい者だから無料にしてあげるという発想が透けて見えないわけではない。たとえ応募費用（出品料）を要しても、きちんと審査され、きちんと展示されることが重要である。

公募展は、企画者・審査員が障がい者とどれだけ真剣に向き合っているかが露見する場である。

⑹　「障がい種別・程度」の申告は要らない

出品申込書には、「障害種別」欄が散見される。「障害種別」欄のある公募展の主催などには、「主催～東京都（福祉保健局障害者施策推進部計画課）、主管～公益財団法人日本チャリティ協会」「主催～東京都墨田区、企画運営～NPO法人エイブル・アート・ジャパン」「主催～日本財団」「主催～公益財団法人こうべ市民福祉振興会」「主催～公益社団法人東北障がい者芸術支援機構」などがある。これらは、「障がい者の人権を先頭に立って守るべき行政（福祉に関わる部署）」及び「障がい者アートに熱心に取り組んでいる法人（障がい者や高齢者のための事業を展開している法人、障がい者の表現活動を対象としている法人など）」である。これらの行政や法人が、出品申込書に「障害種別」欄を設けて、「障がいの種別・程度」を記入させているのである。

実際の表記は、「知的・身体・精神・視覚・聴覚・難病」「知的障害、精神障害、身体障害（視覚・聴覚・肢体・内部）」「知的・身体・精神・視覚・聴覚・難病・その他（　）」「身体障害

［肢体・視覚・聴覚・内部・言語・他（　）］・知的・精神・発達障害（　度　級）」などになっている。

「障がいの種別・程度」を記入させる理由は何か。公募展が障がい者を対象にしているので、資格があるかを確認したいのだろうか。そうなると、証明する障害者手帳（身体障害者手帳・精神障害者手帳・療育手帳）や診断書の提示まで行き着くことになる。それとも、応募者の障害種別人数や割合を把握したいのだろうか。或いは、審査で参考にするのだろうか。いずれにしても、「障害種別」欄を設けている理由が理解できない。主催者が「障がいの種別・程度」を記入させる理由を知りたい。アートには障がい者も健常者も、まして「障がいの種類や程度」は無関係である。

審査員はこの分野の専門家や関連する組織の代表などが務めているのに、問題意識がないのだろうか。それとも、応募用紙に「障害種別」欄が設けられていることを知らないのだろうか。アートの出品申込書の「障害種別」に、応募者が記入する必要はない。それとも、記入しなければ受理してもらえないのだろうか。

過去には、作品とともに障がいの種類や程度を表示したり、作者名をイニシャルで表記した不幸な時代があった。信じられないことだが、現代でも少ないが散見される。

(7)　本人の意思確認が難しい

健常者は公募展の情報を集めて、その内容を把握することが可能である。そして、出品するかどうかも自分で判断できる。しかし、障がい者（中でも知的障がい者）は、公募展の情報を集めたり、内容を判断することが難しい。審査員の名前や経歴を見ても、審査員がどのような考えの人かは理解できない。

そこで、周囲の健常者が出品を勧めたり、応募の手続きをすることになる。その際、障がい者本人に、どのような情報を伝えるのだろうか。的確な判断材料を提供して、障がい者本人が自主的な判断ができるようになっているのだろうか。

出品申込書に「作者の同意」欄があるものもあるが（「こころのアート展［主催～公益財団法人こうべ市民福祉振興会］」）、ないものがほとんどである。ただし、「作者の同意」欄にチェック印があっても、ほんとうに同意しているのか、積極的に同意しているのか、消極的に同意しているのかなどは確かめようがない。

いずれにしても、障がい者に対する「公募展の情報提供」「公募展の内容理解」及び「自主的な応募の判断」は課題である。

また、公募要項には、「広報や宣伝（印刷物・ホームページなど）での利用」「カレンダー制作」「図録掲載」「展覧会での展示」「氏名（作家名）・年齢・居住地の表示」などの但し書きをしているところが多い。

「青森アール・ブリュット公募展」では、「報道機関の取材及びホームページ・SNS・広報等について」の項目を設けている。そして、「報道機関の取材及びホームページ・SNS・広報等に関して、出品者の氏名（または作家名）、居住市町村名、所属施設などの情報提供及び写真撮影の許可についてご記入ください。」とあり、「作者氏名［作家名］の表示」「居住地の表示」「所属施設の表示」「作品の写真撮影」の四項目にそれぞれ「可・不可」の欄を設けている。なぜか、「題名の表示」はない。

また、「取材及び広報等」とあるので、「取材及び広報」がメインになっていると解釈される。「等」に「展示」が含まれるかは不明である。展覧会は取材や広報も大事だが、展示が最も重要である。どの作品を、どのように展示するか、キャプションに何を表示するかも重要である。

筆者は、公にする情報（展覧会のキャプション、取材・広報・宣伝）は、「題名」と「作者（作家）名」でよいと思っている。住所や連絡先などは、「この展覧会以外には利用しない」と但し書きして、記入してもらえばよい。

いずれにしても、本人の意思確認が必要な内容の整理が必要である。そもそも、「障がいの種別・程度」は不要である。「年齢」「居住地」「所属」も要らない。そうすると、同意が必要なのは「題名の表示と提供」「作者（作家）名の表示と提供」「作品の写真撮影と写真の提供」くらいである。

但し書きによって、障がい者の知らないところで無制限に利用されるのはよくない。但し書きではなく、「題名の表示と提供」「作者（作家）名の表示と提供」「作品の写真撮影と写真の提供」に対する意思を「可・不可」で事前に確認すべきである。

ただし、同意欄に可のチェック印があったとしても、障がい者が白紙委任していると考えるのは間違いである。人権擁護及び個人情報保護の視点から、事務的に同意を取りつけることがあってはならない。書類に残すことを優先すべきではない。書類で確認することは必要だが、障がい者をリスペクトしながら丁寧に説明して対応しなければならない。障がい者をリスペクトしていれば、障がい者に無断で行うことなど起こりえない。

また、作品の写真などを利用する場合は、ケースによっては事前に案を提示し、要望があれば可能なかぎり受け入れなければならない。また、印刷物などは、完成したら手紙を添えて贈呈すべきである。

また、公募展は入選もあれば落選もある。賞もある。障がい者本人に対して、賞や入選や落選があることをどのように伝えるかも問題となる。特に、落選した場合である。よもや、落選するリスクを避けるために、障がい者本人が知らないところで応募することはあるまい。

3　個性が開花した作品を選ぶ

障がい者は、誰でも個性豊かな表現ができると思い込んでいる人もいる。それは、大きな誤解である。障がい者であれ、健常者であれ、個性豊かな表現ができる資質は持っている。しかし、個性豊かな表現が生まれるためには、そのための環境が整えられていることが条件となる。

障がい者の展覧会も、さまざまである。個性が豊かに発揮された作品のみの展覧会もあれば、そうでない展覧会もある。

学校では、図画工作・美術、クラブ活動、生活単元学習、作業学習、総合的な学習などの時間に作品が作られている。これらの作品は、大きく二つに分類できる。一つは、図画工作・美術やクラブ活動の時間に制作される造形作品である。もう一つは、工程を分担することの多い作業学習で作られる製品である。作業学習の製品は、陶芸、手芸、木工などである。

造形作品が、個性が豊かに発揮された作品とは限らない。なぜなら、教師が作り方を説明し、子どもがその手順どおりに作らされた作品、子どもの姿を借りた教師の作品が少なくないからである。「子どもが試行錯誤しながら主体的に制作した作品」と「教師によって作られた作品」を見抜くことは簡単ではない。

作業学習の陶芸作品は、石こうの型に土粘土を押しつけて同じ形の皿やコップなどを量産できる機械ろくろを使った製品、同じ形の花瓶などを量産するために石こうの型に泥漿（液状の粘土）を流して作る製品、タタラ（平らにのばした粘土）を型で切り抜いて作る製品が主流である。これらの製品は、いずれも釉薬を掛けて焼成するので、見た目もよいものに仕上がる。

かつて学校の展覧会を主導したとき、同僚から「作業学習の陶芸作品をなぜ展示しないのか」と言われたことがある。しかし、これらの製品は型による量産品なので、障がい者の個性が発揮される余地はない。ただし、これらの製品であっても、障がい者が自由に絵付けしたものであれば、描かれた絵に個性が発揮されることはありうる。

また、全国の施設や学校の実践から「土粘土」の有効性が明らかになっているが、スタッフに大きな労力を強いるためか、「土粘土」に積極的に取り組んでいる施設や学校は限られている。

どのような環境によって個性が豊かに発揮されるかは、先駆者の実践から学べることも少ない。

(1) どんな基準で、誰が作品を選ぶか

芸術作品には、数値などの目に見える具体的な基準がない。「個性が豊かに発揮されたもの」とか、「生命感にあふれているもの」などと言っても、抽象的と言われればそのとおりである。個性の豊かさや生命感が、率直かつ強く伝わってくるものを選ぶしかない。複数の選者がいる場合は、展示したい作品が一致するものもあれば、意見の分かれる作品もありうる。一致する作品は、当然、展示すべきである。一致しない作品は、率直に話し合って決めるべきである。一致しないという理由だけで、展示しないのはよくない。

一九八四年九月に京都市美術館で開かれた、第三回「土と色・ちえおくれの世界」では、日本精神薄弱者愛護協会（現日本知的障害者福祉協会）創立五〇周年を記念して、全国から作品を募集している。しかし、作業で作られた製品なども集まったようである。展覧会の企画者は個性が開花した作品を展示することを考えていたので、そうでない作品はかなり遠くの施設ま

で足を運んで返却したと聞いている。

「土と色展」を主導していた吉永太市は、外部の人の視点にゆだねる必要性を指摘している。(9)また、大阪のアトリエインカーブでは、客観性を担保するために外部の美術の専門家に選定を依頼している。その根拠に、デザイナー及び生活支援者であるスタッフは美術を評価することができないことを挙げている。

写真家の故井上隆雄が障がい者の作品に強烈な衝撃を受けて、『土に咲く―美のメッセージ、障害者施設から。』を刊行している。本に掲載する作品の選定にはかなり悩んだらしいが、まだ小さかった自分の子どもの感覚が参考になったと話されていた。優れた作品が発するメッセージは、年齢や職業などに関係なく届くのである。

いずれにしても選者が、著名な人、組織の代表、当事者（スタッフ）、一般人、子ども、学芸員、研究者などかは関係ない。学芸員が、必ずしも正しい選定ができるとはかぎらない。

ある展覧会のパンフレットに掲載された、学芸員が選んだ作品に納得したことがあった。その展覧会に出品した施設にはよく知られた作品がいくつもあったのに、それらの作品を選ばなかったのである。よく知られている作品はスタッフが介入したものが多かったが、学芸員が選んだ作品はスタッフが介入しなかった作品ばかりだったのである。どの学芸員にも、このような審美眼・眼力が備わっているとはかぎらない。

作品は誰が選ぶかではなく、本物を見抜く力・審美眼・眼力のある人、作品の正しい評価ができる人が選ばなければならない。それでも、絶対ということはありえない。試行錯誤しながら、審美眼・眼力を磨き続けるしかない。

(2) 作品を選ぶことの疑問に対して

「どんな基準で展示する作品を選んでいるのか」「作品を選ぶこと自体おかしいのではないか」「作業学習の陶芸作品をなぜ展示しないのか」「なぜ全員の作品を展示しないのか」などの指摘を受けたことがある。

この問いの基には、「作品には優劣がなく平等である」「作品を選ぶ基準があいまいである」「作者自身が選ぶべきである」「展示されない人の気持ちはどうなるのか」などがあると思われる。

どの作品も貴い。ただし、作品の芸術性に差異があるのは事実である。自分の作品を振り返っても、よくできたと思うものもあれば、失敗と思うものや、全然納得できないものもあった。どの作品も、かけがえのない自分の作品である。

作品に優劣があるのではなく、芸術性に差異があるのである。展示されない作品がダメで、劣るのではない。そのときの選定基準によって、一部の作品が選ばれるにすぎない。多くの作品が選ばれる人もいれば、一点も選ばれない人もありうる。おのずと、出品点数に差異が生じる。差異を否定するなら、全員同じ点数を選べばよい。そのような展覧会を想像してみたらどうだろうか。

人間の個性は多様である。さらに、絵が得意な人、粘土が得意な人、工作が得意な人、歌が得意な人、スポーツが得意な人など、人によって得意な分野も違う。

展示作品を選ぶことは、作品を正しく評価することである。作品を選ばないことは、評価を回避しているにすぎない。正しく評価しないのは、悪しき平等主義かつ形式的な平等主義である。

(3)　作業学習などの製品は、別に展示・販売する

作業学習の製品は、そもそも目的が違う。作業が工程化され、分担して製品が量産される。陶芸作品を例にとると、型で作るので同じ形になる。釉薬を掛けて焼成するので、「焼き物」になる。「焼き物」としての存在感がそれなりにあるので、立派な作品と勘違いする。個性が

発揮される余地のない製品は、展覧会とは別の機会（バザーなど）で展示・販売すればよい。

4　障がい者の権利を守る

国連の「知的障害者の権利宣言」が、一九七一年。同じく国連の「障害者の権利宣言」が、一九七五年。「障害者権利条約」に至っては、二〇〇六年。日本が「障害者権利条約」の批准を承認したのが、二〇一三年。このように、障がい者の権利が宣言や条約として採択・批准されたのは最近のことである。

また、国連による「世界人権宣言」が、一九四八年。「世界人権宣言」に基づく「児童憲章」が日本で制定されたのが、一九五一年。国連で「児童権利宣言」が採択されたのが、一九五九年。さらに、「個人情報保護法（個人情報の保護に関する法律）」が全面施行されたのは、つい二〇〇五年のことにすぎない。

これらから、権利の擁護に対する意識の低さ、障がい者の権利擁護が最近まであまり意識されてこなかったことが分かる。これらの条約・宣言・法律などを知らなくても、全ての人間が絶対的な平等者として尊ばれていれば、権利の侵害は起こりえない。

障がい者の展覧会・図書などには、障がい者の権利擁護の実態が反映されることになる。しかし、主催者が展覧会をよかれと思って開催したり、発行者が関連図書をよかれと思って発行したりしても、障がい者に対する権利侵害が起きている場合は見逃すことはできない。

著作権・肖像権は、健常者（プロの作家など）に比べると、障がい者に対する権利擁護意識が希薄のまま今日に至っている。障がい者の作品に対する評価の高まりに伴い、ようやく意識されるようになってきている。美術館の学芸員は詳しいと思うが、学芸員以外の人が障がい者の展覧会を企画することも増えてきている。無知では、済まされない。「許諾を得る方法」や「契約内容」の整理が急務である。さらに、障がい者が著作権・肖像権について相談できる窓口を、身近に設置する必要がある。

障がい者の展覧会や図書などに関わるメインの権利は、「著作権」と「肖像権」である。

(1)　著作権とは

著作権の対象となる著作物には、「小説、脚本、論文、講演その他の言語の著作物」「音楽の著作物」「舞踊又は無言劇の著作物」「絵画、版画、彫刻その他の著作物」「建築の著作物」「地図又は学術的な図面、図表、模型その他の図形の著作物」「写真の著作物」「映画の著作物」「プログラムの著作物」「二次的著作物」「編集著作物・データベースの著作物」などがある。

そして、著作者の権利には「著作者人格権」と「著作権（財産権）」がある。さらに、「著作者人格権」には「公表権」「氏名表示権」「同一性保持権」「名誉声望を害する方法での利用を禁止する権利」がある。「著作権（財産権）」には、「複製権」「上演権・演奏権」「上映権」「公衆送信権・公の伝達権」「口述権」「展示権」「頒布権」「譲渡権」「貸与権」「翻訳権・翻案権」「二次的著作物の利用権」等がある。

なお、「著作権（財産権）」は売買できるが、「著作者人格権」は売買できない。著作権の保護期間は二〇一八年の法改正によって、それまでの死後五〇年から七〇年に延びている。

作家が小説を出版する場合は、版権は出版社にあるが、著作権は作家に帰属する。作家の死後も七〇年間は著作権が保護されるので、作家の死後は親族などの著作権継承者に印税が支払われる。

著作権の保護期間が過ぎると著作権（財産権）が消滅して社会の公共財産となり、「パブリックドメイン」として誰でも自由に使うことができる。著作権の期限が過ぎると許諾料が発生しないので、安価な映画のＤＶＤ・音楽のＣＤ・小説などが販売されるようになってきたのはこのためである。また、著作権の切れた所蔵作品の写真を、無料で利用できるサービスを提供している美術館も出てきている。

ちなみに、著作権の対象になっているものを「コピーライト」若しくは「©」、許諾を得たものは「ライセンスド」などと表記する。図書の奥付などには「©発行年・著者（著作権者）名」が書かれている。表記の年に、著者に著作権が発生したことを意味する。

学校や施設が材料を提供して生まれた作品を学校や施設が保管するのはかまわないと思うが、著作権は作者にあることを忘れてはならない。ただし、学校や施設が一時的に作品を預かる場合でも、許諾を得ておいたほうがよい。

また、作品を利用したグッズなどを販売する場合、営利目的でない場合は作者の許諾を得るだけでよいと思うが、営利目的の場合はロイヤリティを含む「契約書」を作成しなければならない。ただし、障がい者にとって不利な契約にならないようにしなければならない。不利な契約にならないようにするためには、行政などがモデルを示すことも必要である。

(2)　肖像権とは

制作中の写真は、スタッフ・研究者・学芸員などで撮影されることが多い。制作中の写真を撮影する場合は、撮影者が内部か外部かにかかわらず、かつ、公表を前提としているか否かにかかわらず、事前に、障がい者本人（保護者）の許諾を得なければならない。
学校の授業研究会などでは、授業記録のために写真係を決めて、スチール写真や動画を撮影することがある。授業者が撮影することも少なくない。また、外部の人が授業を撮影する場合もある。外部の人が授業を撮影する場合は、学校及び授業者の許諾を必ず得なければならない。

撮影者が内部か外部かにかかわらず、授業中の写真には障がい者・学校・授業者・撮影者が関わっている。写真を公表する場合は撮影者名の表示は必要だと思うが、風景写真などのように、撮影者に著作権があると言い切れるかは分からない。さらに、外部の人が撮影した全てのデータを授業記録として学校及び授業者に提供する場合は問題ない。しかし、外部の人が撮影した写真を公表する場合は、内部で撮影された写真と同様に、写真に写っている人には肖像権が発生するので、事前に制作者（保護者）などの許諾を得なければならない。加えて、授業記録の写真なので、学校及び授業者の許諾を得るとともに、授業が特定できる情報を表記すべきである。

いずれにしても、内部（学校教員や施設職員）及び外部の人による授業の写真撮影に関わる、「制作者（保護者）などから許諾の得る方法」「写真の著作権の帰属」「撮影上のルール」「撮影したデータの扱い」「写真を外部に公表する場合の条件」などの整理が急務である。

肖像権とは、他人に勝手に撮影されたり、公表されない権利である。法律による明文化はないが、プライバシーの権利の一部として理解され、民法上、人格権の一つとして認められている。肖像権は、「人格権（みだりに公表されない権利・プライバシー権）」と「財産権（無断で営利的な目的で使われない権利・パブリシティ権）」に分けられている。

障がい者の展覧会・図書などは営利目的でないかぎり、肖像権の財産権は発生しないが、肖像権の人格権は残る。

(3)　展覧会・図書などに関わる著作権・肖像権の主な内容

「作品や制作中の写真」などは、以下のような権利が発生すると思われる。

①　作　品

「展　示」

・著作権（財産権）
　展示権〜展覧会に作品を展示する権利。
・著作者人格権

公表権～作品を公表するか否かを決める権利。

氏名表示権～作者であることの表示を求める権利。

「図書などへの掲載」

・著作権（財産権）

複製権～「作品などの写真を図録やチラシに載せる」「ポストカードにして販売する」「グッズ（Tシャツ・マグカップ・クリアケースなど）に使う」などに関わる権利。

公衆送信権・公の伝達権～ＷＥＢサイトへの掲載に関わる権利。

・著作者人格権

公表権～作品を公表するか否かを決める権利。

氏名表示権～作者であることの表示を求める権利。

同一性保持権～作者の意に反して作品を改変されない権利。

②　制作中の写真

「展示、図書などへの掲載」

・写真撮影者

著作権～撮影者としての権利。

・被写体になった障がい者
　肖像権（人格権）～みだりに公表されない権利・プライバシー権。

⑷　展示や掲載は事前に許諾を得なければならない

　障がい者の展覧会では、「作品の展示」「制作中の写真・動画の展示」「パンフレット・案内状への作品・制作中の写真の掲載」「作品・制作中の写真を利用した図録・報告書・図書の作成及びポストカード等のグッズ類の製作と販売」「ＷＥＢサイト（ホームページ・ＳＮＳ）への作品・制作中の写真の掲載」「マスコミへの作品・制作中の写真の提供」などが考えられる。「作品・制作中の写真」を展示したり、図書などに掲載する場合は、障がい者（保護者）の許諾を得ないと前述の権利を侵害することになる。ただし、著作権法では著作物を自由に使用できる例外規定（第三〇条～第四七条）を設けている。第四五条では、作品の所有者は作者（著作権者）の許諾なしに展覧会で展示できるとされている。よって、作品の所有権が学校や施設にあれば、学校や施設の判断で展示することは法的には問題がない。それでも、作者の許諾を得るのが望ましい。また、作品を学校や施設で預かってはいるが、所有権が本人にある場合や所有権が曖昧な場合が多いのではないだろうか。この場合は、作者の許諾は不可欠である。

また、第四七条では、解説や小冊子などの展覧会に附随するものは、許諾なしに使用できるとされている。この場合も、許諾を得るにこしたことはない。

では、どのような方法で許諾を得たらよいのだろうか。障がい者の中には判断力がじゅうぶん備わっている人もいるが、そうではない人もいる。判断力のある人には説明して、許諾の可否を決めてもらうことができる。しかし、判断力に難のある人の許諾を得るのは難しい。判断力がないと決めつけて、スタッフや保護者が一方的に決めてはならない。そもそも、判断力がないと決めつけるのは障がい者に失礼である。

「どのような展覧会であるのか」「どのようなパンフレット・図録・図書であるのか」「どの作品を展示・掲載したいのか」「どのような写真をどのように使いたいのか」などを分かるように説明しながら、丁寧に本人の意思を確認し、その意思を尊重しなければならない。出品や作品について話すよい機会でもある。許諾を得られない場合は、展示や掲載を諦めなければならない。

意思確認ができたら、簡単な「許諾書」若しくは「契約書」として残すことが望ましい。口頭で許諾を得たと判断しても、後になってから「許諾していない」と言われることもありうる。許諾書をもらうことが目的ではない。きちんと理解してもらったうえ、許諾を得ることが大切であって、許諾書はその結果にすぎない。

許諾を確認して、「許諾書」を取り交わしても、後になってから「許諾していない」と言われた場合は「許諾書」をもらっていることを理由に押し通すべきではない。きちんと話を聞かなければならない。人は誰でも、気持ちや考えが変わることがある。気持ちや考えが変わったら、尊重して対応すればよいだけである。

許諾を得られた場合は、展覧会の前にお礼と感謝の手紙とともに、パンフレット・図録・招待券などを贈呈したい。図書・報告書などの場合も、刊行時にはお礼と感謝の手紙を添えて贈呈したい。

筆者は二〇年くらい前に、障がい者の作者がエルメスと交わした契約書を見る機会があった。作者の名前の前に、「クリエーター」と書かれていたことに感動した。障がい者である作者をリスペクトし、「クリエーター」として認めていた証拠である。

(5)　事前に展示や掲載の許諾を得ていない例もある

特別支援学校関係者で組織した実行委員会が主催した展覧会で、「作品及び制作中の写真」が障がい者（保護者）の許諾なしに展示されたケースもある。展覧会の前に許諾を得ていないので、展覧会があったことさえ知らなかった障がい者（保護者）もいる。

さらに、この展覧会が開催された三年後に、展覧会の記録図書が出版されている。この記録図書にも、展覧会で許諾なしに展示された「作品及び制作中の写真」の写っている写真が、事前の許諾なしに掲載されている。図書の発行自体を知らなかった障がい者（保護者）もいる。この図書には、作品が切り抜かれたために作品の全体像が分からないものや、作者名が表示されていないものや、イニシャルのものもある。

また、展示・掲載された「制作中の写真」は授業記録なので、当該の授業が分かる情報「授業日、学校名、学部・学級名、教科・題材名、指導者名」を表記するとともに、学校及び授業者にも報告するのが望ましい。

「作品及び制作中の写真」を展示したり、掲載したりする場合は、丁寧に説明して事前に許諾を得なければ障がい者の権利を侵害することになる。当該の障がい者（保護者）はお願いすれば、喜んで許諾するはずである。

5　展示会場・展示方法を考える

作品とじっくり対話するには、展示会場と展示方法が決定的な鍵を握る。

(1)　作品に合った会場を考える

作品を展示する場所は、美術館、ギャラリー、デパートの催事場、公共施設などの多目的ホール、いろいろな施設の多目的ホールやロビーなどがある。また、聖路加国際病院のように、病院全体に作品を展示している例もある。

①　展示会場に求められる条件

ア　刺激過多でない

美術館やギャラリーは作品展示を目的に造られているので、あまり問題がない。デパートの催事場は、催事の内容に合わせた会場づくりをするので、要望を出せばよい。問題は多目的ホールやロビーなどである。特にロビーには植木鉢があったり、窓やドアや動線も多く、雑然としているところが多い。パーテーションに作品を展示することが多いが、周囲の雑然とした刺激が多い環境は、展示場所としてふさわしくない。

　筆者は展示を予定していたロビーがあまりに雑然としていたので、急きょ、白いKPパネル（スチレンボードの両面に白いケント紙を貼ったもの。軽くて、安価である。厚さ五ミリ、大きさ九一〇ミリ×一八二〇ミリが一枚一〇〇〇円くらいで購入できる。キャプションなどにも使える。）を手配し、同僚と壁に貼ったことがある。

　会場に合わせて作品を展示するのではなく、展示会場に難があったら会場に手を加える労力を惜しんではならない。美術館・ギャラリー・デパートの催事場・公共施設などの多目的ホールなども例外ではない。会場づくりから、展覧会が始まる。

　また、美術館は作品の盗難防止のために監視員を配置しているところが多い。展示会場で、椅子に座っている人である。鑑賞のじゃまにならないような場所であっても、視野に入ると少しは気になる。いないにこしたことはない。

　セキュリティシステムは空気振動や人間の熱などを感知するので、開館中はセットすることができない。そこで、開館中は人が監視することになる。しかし、現代は高性能の監視カメラもある。個々の作品にチップを取りつければ、ゲートを通ると察知することもできる。他にも、もっと優れた監視システムがあると思われる。監視員の存在が抑止力になるという考えもあると思うが、あたりまえを疑い、よりよい方法を考えていかなければならない。

イ　アクセスがよい

いくら会場としてふさわしい場所でも、アクセスが悪いのはよくない。郊外の、公共交通機関が発達していない場所では、自家用車かタクシーになってしまう。タクシー代もかかる。

大都市の場合は、公共の交通網が整備されているのであまり問題がない。地方は、公共の交通網が整備されていない。そこで、地域の人が多く集まる場所、集まりやすい場所が望ましい。その場所が、展示にふさわしい会場ならよいが、ふさわしくない場合は会場の所有者と話し合って、造作を加えればよい。

そもそも公共団体（行政）は、病院や文化芸術施設などをアクセスのよい場所に造るべきである。アクセスのよい場所に造ったら、それが街の中心か郊外かは問題ではない。広い敷地に、いくら立派な建物でも、アクセスが悪いのは願い下げである。文化芸術施設は、自家用車で来場できる人のためにだけあるのではない。本来は、自家用車で来場できない老人・幼児・小中高生、障がい者などが来場しやすい場所に造らなければならない。アクセスが悪いと、出品者である障がい者本人はどのようにして展示会場に行けばよいのだろうか。

移動にハンディを抱えている人が容易に来場できる場所に造ることこそ、バリアフリーであり、インクルーシブであり、ノーマライゼーションである。建物内に障がい者のスロープ・トイレ、乳児用のトイレなどを造ることに矮小化してはならない。公共団体（行政）の都市設計・都市計画の理念が問われる。

(2) 作品に合った展示方法を考える

鑑賞者が先入観なしに、個性輝く作品の生命とありのままに、自然に、じっくりと対話できる最良の展示空間をつくりあげるためには工夫が要る。凝りすぎて、工夫が目立つ展示はよくない。その場所に、あたかも鑑賞者である自分とその作品だけがあるような、作品以外が全て消え去るような展示空間が理想である。

また、健常者である主催者が全てを決めるのではなく、作品によっては作者に任せることがあってもよい。

いずれにしても、障がい者の作品をしっかり受け止められる能力のある人が、いかに工夫して展示できるかにかかっている。それも、展示の工夫が隠れて、作品が輝く展示である。いかなる展覧会でも、展示方法には展示を主導した人の力量がおのずと表れる。

①　会場ではなく作品に合わせる

展示は会場に合わせるのではなく、作品に合わせなければならない。天井が高い会場のかなり上まで展示されているのに閉口したことがある。小さな作品なので、作品の表情が見えない。これでは、作品が会場を飾る装飾品に扱われている。作品を見にくい高さに展示するのは、作品に失礼である。作品と対話するためには、小さな作品を高い天井近くまで展示するのではなく、作品から作者の息づかいが感じられる距離と高さに配慮しなければならない。作品の上の空いた壁面や、高さのある空間は気にならない。無理に壁面を作品などで埋めたり、空間をリボンテープなどで飾る必要はない。

平面作品には大小がある。鑑賞者の眼の高さは、身長の高い人もいれば、子どもや車いすの人もいる。どの鑑賞者にもベストの高さを求めるなら、そのつど一人一人に合わせた可動式にするしかない。しかし、それは非現実的なので、平均的な高さに設定せざるをえない。

土粘土などの立体作品は、台や床が考えられる。詳細は後述する。

②　個人ごとの展示を基本にする

平面作品と立体作品は、分けざるをえない。展覧会は作品と対話する場である。作品との対話は、作者との対話である。よって、同じ作者は基本的にまとめるべきである。同じ作者に複数の作品がある場合は並べる順序も重要となる。無論、お互いが響き合うように、作者の配置にも神経を使わなければならない。しかし、現状は個人別ではなく、題材別に並べられることが多い。

また、類似した作品を合わせて一つの大きな作品にすると迫力のある作品になるが、これでは見せ方を優先した展示になる。特に抽象的な模様や色の場合は、集合させても違和感がないどころか、一見、大きな迫力のある作品になる。しかし、これは個々の作品とは関係のない、個々の作品の生命との対話を遠のけた、障がい者の作品を借りた主催者が満足する作品になる。

個々の作品を集合させるのは、そもそも共同制作ではない。共同作品で問われるべきは、一人一人がじっくりと取り組んで個性を最大限に発揮できたかどうかである。作品の大きさや見栄えに惑わされてはならない。

また、テーマ別に分けて展示している場合も散見される。カテゴライズは、障がい者の都合ではなく、主催者の都合にすぎない。しかも、カテゴライズは、鑑賞者に先入観を与えるリスクが高い。鑑賞者がまっさらな状態で鑑賞するために、主催者の都合で安易にカテゴライズすべきではない。

③　パーテーションの使い方

美術館やギャラリー以外では、平面作品の展示にパーテーションを使うことがある。パーテーションは、鉄製などのフレームで囲まれている。このフレームに配慮しなければならない。フレームとフレームの間に作品を展示するのはよいが、作品の背後をフレームが通っているのを見かけることがある。フレームは見た目以上の強さがあるので、作品の背後にフレームがくるのは避けるべきである。

また、額縁を吊り下げるヒモ・ワイヤー類と、ヒモをかけるクギ類が露出しているのを見かけることもある。美術館では、小さな作品なのに頑丈な金具が露出していることもある。作品をかけるクギ類やヒモ・ワイヤー類は、作品をじゃましないように、極力目立たないようにしなければならない。それが、作品に対する配慮である。

④　絵画や版画などの平面作品は、そのまま展示しない

たまに、作品をピンで直接留めているのを見かけることがある。作品は心である。無神経に、作品にピンを刺すべきではない。作品も、心も痛む。

平面作品は、既製品の額縁やパネル類を利用するか、パネルを自作する。パネルの材質は、木材（角材・合板）やアクリル板・塩ビ板などが考えられる。木材は、木工機械が完備してい

る特別支援学校や施設なら、角材・ベニヤ板・アクリル板・塩ビ板・接着剤などを購入すれば簡単に作ることができる。木工機械がなければ、ホームセンターでカットしてもらえば、容易に組み立てられる。作る技術は、作る意志があれば身に付けられる。

筆者は、幅七〇センチメートル、長さ二メートルくらいの作品のパネルを二〇枚くらい作ったことがある。絵の具で描かれた作品を貼ってから、シワができないように透明のビニールで覆った。アクリル板・塩ビ板は専用のカッターを購入すれば、カットすることができる。予算が限られている学校や施設などが多いと思うので、自作できるものはすべきである。

絵画や版画などの平面作品は、マット紙の使用の有無にかかわらず、パネルの材質が隠れる。マット紙を使用する場合は、アクリル板・塩ビ板で押さえるか、シワが出ないようにビニールで覆うのが望ましい。厚いマット紙を、四五度の角度で切ることができる安価な専用カッターも市販されている。自分で切れば安上がりである。

また、工作やレリーフ状の土粘土作品などは、パネルにして壁面に展示することも考えるべきである。しかし、工作やレリーフ状の作品は、パネル材の露出を避けるために、布張りなどがよい。作品を引き立てる色の布を探し、木工ボンドやスプレー糊などを全体に塗って、シワができないように伸ばしながら貼る。そして、透明なテグスやアクリルで作品を留める。

⑤　土粘土などの展示方法を考える

レリーフ状の土粘土作品は、前述したパネル装が考えられる。それ以外の多くの作品は、見やすさを考慮すると、立ったまま鑑賞できる「台（机）」が考えられる。作品が多くなると、台だけでは足りなくなる。そこで、しゃがんで鑑賞できる「床」も考えたい。

本格的な彫塑台は、重さに耐えるために頑丈な鉄製が多い。彫塑台に負けない大きな作品なら彫塑台でかまわない。しかし、彫塑台に負ける小さな作品は、彫塑台を避けるべきである。かといって、折りたたみ式の会議用テーブルに直置きや白布を敷くのは安易すぎる。台であれ、床であれ、どのような素材の上に置くかが重要となる。吟味した結果、テーブル直置きや白布ならかまわない。

そこで、作品が輝くための素材を徹底的に考えなければならない。よい素材と思っても、作品と調和しないものもあるので、実際に置いてみて判断しなければならない。予算が潤沢にあることは考えられないので、安価な素材から探すしかない。

ア　高低差をつける

作品が多い場合は、作品を置くスペースを確保しなければならない。同じ高さが続くと、場所もとる。そこで、作品のよさが発揮される段差をつけると、作品を置くスペースを確保できるだけでなく、お互いの作品が響き合う空間にすることも可能になる。
高低差をつけるには、段ボール箱・発泡スチロール製のトロ箱・ブロック・丸太・角材などが考えられる。

イ　載せる素材を吟味する

台や床に載せる素材は、ケイカル板・合板・もみ殻・麻布・段ボール板・巻段ボール・ロール紙・砂・小粒の砂利などが考えられる。あたたかさのある作品が多いので、無機質で冷たく見える素材が向いている場合が多い。あたたかみのある素材は作品をじゃますることもあるので、きちんと確認してから使わなければならない。

直接置けるものには、大型角材・太い丸太・幅広の板なども考えられる。古いゲタ箱をそのまま活用したり、塗装して活用してもよい。展覧会は屋内だけとはかぎらない。屋外の場合は、草の中や樹木などに置いてもよい。

いずれにしても、決定的な素材はないので、作品と対話し、試行錯誤しながら、作品に合う素材を探すしかない。素材が先にあるのではない。作品が輝く素材を見つけなければならない。

⑥　作品間の距離を考える

作品には大小もあるし、作家もたくさんいるので、作品間の距離を一定にするわけにはいかない。作家と作家は少し空けたほうがよい場合もある。作品によっては、あまり空けなくてもよいものもあるし、距離が必要なものもある。

個々の作品が輝き、「作品どうし」「作家どうし」が響き合う距離を試して探すしかない。並べる際に、作品といかに対話しながら並べたかが問われる。

⑦　作品カードを考える

題名や作者名を表示しない障がい者の展覧会もある。この展覧会は、作家性よりも作品全体の表現を見てほしいとの願いがあったと思われる。これも一つの考え方である。匿名性を重視するなら、そのことを作者から許諾を得なければならない。

一般的には、題名や作者名を表示する展覧会がほとんどである。展覧会は、作品と対話する場である。作品とじっくり対話できるための展示方法を工夫しても、作品カードがじゃましては意味がない。小さな土粘土の作品が多く展示されているのに、作品カードが目立つ展覧会もある。

では、作品と調和する作品カードはどうあるべきなのか。平面作品は、作品や額縁に直づけだと作品と作品カードが近すぎるので望ましくない。作品から少し離れた、「作品の中央」若しくは「作品の右下」などのルールを決めて貼ればよい。壁面は白を基調としているところが多いと思うので、作品カードは白でよいと思う。ただし、最近は壁面全体を、赤・青・黒・黄などにしている美術館などもある。その場合は、壁面の色と調和する色の作品カードを考えればよい。

問題は、土粘土などの立体作品である。一種類だといろいろな大きさの作品や背景に対応できないので、作品カードは数種類の大きさと色を用意し、作品の大きさや背景に合わせて選択する。

例えば、黒い台の上に大きめの白い作品カードでは作品カードが目立ちすぎる。作品を載せている素材や色と調和する作品カードを選ばなければならない。作品カードが、壁面用とその他で違ってもかまわない。

また、作品には方向性がある。絵画や版画などの平面作品は、上や横への方向性があるので、作品の上や横ではなく、作品の下に作品カードを貼ることになる。立体作品の場合も同じである。例えば、「顔」の場合、頭の上には置かない。魚の場合も、頭ではなく尾のほうに置かなければならない。作品の持つ方向をそろえると、作品カードを置く位置もある程度統一されるので、作品カードの存在があまり気にならなくなる。
このように、作品カードにも、展示する人の考え方が表れる。

6　展覧会を開催する組織を考える

個展などを除き、展覧会は組織的に取り組むことになる。学校・施設・美術館・ＮＰＯ法人などが単独で取り組む場合は、組織の中で企画案や実施要項案が検討される。また、複数の学校や施設などを対象とする展覧会では、実行委員会を組織することがある。

実行委員会の業務は、展覧会の方針の決定、作品の選定と展示、役割分担、広報、経費の確保など、多岐にわたる。「作品の選定」や「展示」などは、実行委員が全員で行うのは無理がある。「一部の実行委員」「一部の実行委員と外部の専門家」「外部の専門家のみ」が考えられる。筆者は、「一部の実行委員」で行うよりも、「一部の実行委員と外部の専門家」若しくは「外部の専門家のみ」が望ましいと思っている。

実行委員会のメンバーや外部の専門家選びは、展覧会の質を大きく左右するので極めて重要である。それなのに、「実行委員会の代表」「審査委員」「顧問」などは公表されることがあっても、実行委員全員の名前が公表されることは少ない。実行委員全員の名前を、パンフレットなどの印刷物やホームページ・SNSなどにも掲載すべきである。

⑴　関係者どうしが切磋琢磨できる組織にする

実行委員会の場合は多様な分野の専門家で構成するとともに、率直かつ厳しい議論を通してお互いが切磋琢磨できる運営が望まれる。しかし、いろいろな考えを持った人、本質に迫る考えを発言できる人を探すのは容易ではない。

幸い、障がい者の展覧会が盛んに開かれるようになってきているので、印象に残る展覧会もある。また、学芸員・研究者・現場のスタッフなどの発信も増えてきている。これらの動向にアンテナを張っていれば、気になる人材にたどり着くことは不可能ではない。また、実行委員会を開催すると交通費などもかかるが、近距離に居住している人に限定する必要はない。実行委員会の構成メンバーによって展覧会が大きく左右されることを考えると、全国からふさわしい人材を探すべきである。

筆者も、一度だけ実行委員会を組織したことがある。そのときは地域内に居住している、大学教員（複数の教育学部美術系教員・医学部の精神科医）・会社の経営者・学校のスタッフなどに依頼した。自分の考えを主張してくれる人の集まりだったので、実行委員会では遠慮のない、率直な議論ができたと思っている。

一方、一人の大学教員と教え子（美術教育を専門とする特別支援学校教員）で構成されている実行委員会もある。私的な研究会ならこのようなメンバー構成でかまわないと思うが、公的な性格を持つ展覧会の実行委員会として望ましいとは思わない。

障がい者の展覧会は障がい者の制作活動や日々の生活とつながっているので、実行委員会を医療・保護者・研究者・学芸員・大学教員・学校教員（特別支援教育）・施設職員などで構成することも考えられる。そのうえで、業務分担をすればよい。

人は、他からしか学ぶことができない。深く学び合えるメンバーで構成することによって、お互いが新たな知を獲得することができる。それが、実行委員会全体の力を高めることにもつながる。この過程が、障がい者自身はもとより、鑑賞者にも反映される。

(2)　展覧会を開催するだけの組織にしない

実行委員会を、障がい者の展覧会を開催するだけの一時的な組織にするのはもったいない。展覧会の性格や範囲にもよるが、地域の展覧会ならば学校や施設などで個性豊かな制作活動を積極的に展開するための在り方を探究する研究会を積極的に行うべきである。研究をメインとし、展覧会も主催する研究会にするのである。そして、展覧会を主催するときは外部のメンバーも加えた実行委員会を組織すればよい。研究会は、以下の内容が考えられる。

①　研究会の構成メンバー

障がい者の造形表現に関心のある、実践者である教員・職員・保育士、保護者、研究者、学芸員、行政の担当者を含む多様な分野のスペシャリストで組織し、本質に迫る厳しい議論ができるようにしなければならない。近い将来、施設や学校で働く可能性のある学生にも参加を呼びかけたい。一般の人も歓迎したい。

例会や大会は、県内外に広くアナウンスして参加者を募りたい。議論を深めるために、全国から参加者を募って、開かれた研究会にしなければならない。さらに、例会や大会の講師は地域内や県内に限定するのではなく、全国を視野に第一人者を招聘したい。

組織には、リーダーが必要であるが、特定の人の影響力が大きかったり、偏ったりしないようにしなければならない。厳しい議論を通して、お互いが学び合い、切磋琢磨できる組織でなければならない。

② 主な研究テーマ

・豊かな表現を創造するための制作活動の在り方（教育方法学：指導方法論、題材論など）。
・表現、造形、人間、教育などの本質（表現学、教育哲学など）。
・展覧会の在り方。

③ 研究会の形態

ア　例会（毎月1回）
・実践報告、講話、文献講読など。
イ　授業研究会・保育研究会・処遇研究会
・特別支援教育学校や幼保や施設などでの取り組みの参観と研究協議。
ウ　視察研修
・先駆的な取り組みをしている学校や幼保や施設、美術館、展覧会などの見学。
エ　大会（年1〜2回）
・講演、シンポジウム、研究発表など。
オ　研究成果の刊行
・紀要（論文、調査報告など）や図書などの刊行。

カ　展覧会の主催（開催）

・外部のメンバーも加えた実行委員会の組織づくり。

(3)　関係者は黒子に徹する

展覧会は、どんな作品を、どのように展示するかが重要である。多くの人に鑑賞してもらうためには、展覧会があることや展示を予定している作品の紹介などの広報も必要となる。そして、個性豊かな作品をありのままに鑑賞してもらうことが、関係者の仕事となる。作品の展示で勝負しなければならない。関係者がどんな準備をしているかは、あくまでも裏方の仕事である。関係者が目立ってはいけない。関係者は、あくまでも黒子でなければならない。関係者がどんな準備をするか、誰が準備をするか、どこまで準備が進んでいるかをいちいち広報する必要はない。

ＳＮＳなどで準備状況を写真入りで積極的に発信したり、準備中の写真を図書などに掲載する必要もない。展覧会名を冠したＳＮＳ（フェイスブック・ツイッター）に、準備の様子が刻々と掲載されたり、実行委員個人の慶事や実行委員の個展案内まで掲載している例もある。展示予定の作品などを紹介するなら分かるが、作品と直接関係がない準備の様子や展覧会と直接関係ない実行委員個人に関する発信が必要だとは思わない。障がい者及び障がい者の作品に対するリスペクトや畏敬心があれば、実行委員会や実行委員個人のことを発信することは考えられない。

また、障がい者アート関連のシンポジウムやセミナーで、講師・パネリスト・報告者などのプロフィールに、顔写真・学歴・業績・職務内容・趣味等まで詳しく記載されている例もある。氏名・職業・勤務先程度にとどめるべきである。

いずれにしても、障がい者の展覧会や図書及び関連するパネルディスカッション・シンポジウム・セミナーなどで、黒子であるべき関係者が前面に出てきているものが散見される。

(4)　展覧会の経費を捻出する

展覧会の開催には、多かれ少なかれ経費を要する。美術館の企画展は、美術館の予算で開催できる。学校や施設などの単独展を地域で開催する場合は、会場費や作品の運搬費などを多く要しないので、学校や施設の予算でやりくりすることは難しくない。しかし、県外や国外の場合は多くの経費を要する。また、学校や施設などの枠組みを越える場合は、経費の捻出に頭を悩ませることになる。

経費の出所が難しい場合は、助成金を申請したり、寄附金を集めなければならない。二〇二〇年のオリンピック・パラリンピックに向けて、文化庁が補助を拡大してきている。民間の財団も援助しているところがあるので調べたい。海外の場合は、国際交流基金の申請も考えたい。さらに、ネットで寄附金を集める方法もある。

なお、寄附金を集める場合は金集めを先行してはならない。展覧会の趣旨をきちんと伝え、心から応援したいという気持ちになった人からその結果として寄附金をいただくのでなければならない。寄附者の一覧が掲載されている例もあるが、名前の掲載を遠慮したい人もいると思うので、氏名公表の可否は確認しておかなければならない。

無論、領収書を発行したり、展覧会の終了後にお礼と感謝の気持ちを伝えるのは当然のことである。

また、美術館は多くの人々が文化財に触れることを使命としているので、美術館どうしの作品の賃貸は無料になっている。ただし、作品の輸送費や保険料は発生する。障がい者の作品ではあまりないと思われるが、著名な作品の場合は護送者（クーリエ）の経費として、謝金・宿泊費・交通費がかかる場合もある。

企画展や公募展で障がい者個人が所有する作品を展示する場合は借用代などは要らないと思

うが、案内状・パンフレット・図録・招待券・図書などは届けるべきである。また、ケースにもよるが、出品者である障がい者が会場に足を運ぶ機会を設けてあげることもあってよい。

7　作品の貸借をきちんと確認する

評価額の高い有名な作品のような契約書は要らないと思うが、美術館の学芸員と違って、大学教員・現場スタッフなどは契約書の内容を詳しく知らないことが多い。まして、障がい者（保護者・成年後見人）はもっと知らないと思われる。問題が発生していやな思いをしないためにも、きちんと確認しておくことが望ましい。

公募展では、貸与期間をほとんど明示していない。損害の補償は、保険の範囲内で補償すると明記されているところもあるが、責任を負わないと書かれているところが少なくない。そこで、公募展ではどのようになっているかについて確認しておきたい。

①　貸与期間

貸与期間が明示されているのはまれである。日本財団主催の公募展の募集要項には、「最大一年間」と明示されている。貸与期間の明示が望ましい。

②　補　償

地震や火災などで作品が破損・消失するリスクもあれば、飾り付けや撤去時の破損、展示中の破損や盗難などのリスクもある。海外の評価額の高い作品を借りる場合は、一〇年くらい前に国が補償する法律ができている。

障がい者の公募展では、補償が明示されているものもあれば、明示されていないものもある。日本財団主催の公募展の募集要項には、「万一損傷が発生した場合は、主催者の加入する動産総合保険による補償の範囲内で対応させていただきます。」と明示されている。

しかし、公益社団法人東北障がい者芸術支援機構主催の公募展、東京都墨田区の公募展、公益財団法人こうべ市民福祉振興会主催の公募展では、それぞれ「取り扱いには十分に注意しますが、出品作品に関して生じた事故に対する責任は負いかねますので了承ください。」「…十分注意しますが、不慮の損害については責任を負わないものとする（損害保険の契約は個人の自由意志によるものとします）。」「…万一不可抗力による事故が発生した場合は、その責任を負いかねますので了承ください。」と書かれている。

これらは、「責任は持ちません」「必要な人は損害保険に入ってください」と、補償から逃げている。作品の破損や盗難などはゼロではない。日本財団のように、主催者として動産保険をかけるべきである。そのうえで、破損や盗難などが発生した場合は、作者（保護者）と真摯に話し合うべきである。動産保険をかけない場合は、せめて「破損や盗難などが発生した場合はその責任を負いかねる場合もありますが、ケースに応じて作者（保護者）と協議させていただきます。」としたらどうだろうか。いずれにしても、但し書きで、責任を負わないことを一方的に宣言するのはよくない。

8　合同展で学校や施設が確認すべきこと

学校や施設が作品を持ち寄って、合同展を開催することがある。この場合、少なくとも学校（校長）や施設（園長）が担当者に白紙委任することがあってはならない。合同展は、学校や施設における造形活動を見直すチャンスであり、作品の見方や展覧会の在り方を考えるよい機会でもある。学校や施設は、組織的に関わらなければならない。校長や園長の責任も大きい。

合同展では、次のことが事前にきちんと確認されていなければならない。

・校内や園内の作品を、どのような基準で、誰が選ぶのか。校内や園内の選んだ作品がそのまま展示されるのか、それとも主催者側が二次審査するのか。

・展覧会に関わる作者の許諾（題名や作者名の公表、作品や写真などの展示、パンフレットや図書やインターネット及びＳＮＳなどへの掲載、マスコミへの提供など）を学校や施設が得るのか、それとも、主催者が得るのか。
・学校と主催者（実行委員会）との関係をどうするのか。実行委員会との確認（契約）をどうするのか。また、その内容をどうするのか。
・保護者への案内をどうするのか
・作品が破損したり、紛失した場合の補償をどうするのか。
・合同展に必要な経費の負担をどうするのか。
・展示や撤去に必要な教職員などの派遣をどうするのか。
・教職員を派遣する場合の勤務態様や交通費などはどうなるのか。交通事故などが派生した場合はどうするのか。

9 「作品の分類・作品の解説」の弊害

展覧会の関係者である健常者は、「作品を分類（カテゴライズ）する」「作品を解説する」ことへの衝動に駆られるかもしれないが、そもそも感覚の世界に属する作品は言語（概念）では説明しきれない。まして、他人のことは。主催者は満足するかもしれないが、鑑賞者に先入観を与えるリスクが大きい。特定の言語（概念）を全面に打ち出すと、生命の表れである作品との対話を妨げることになる。言語化（概念化）には、慎重でなければならない。

東京国立近代美術館学芸員の保坂健二朗も、[10]「メッセージ性が強すぎること」「こちらの思うことばかりを伝えていこうとすること」「わかりやすく語ること」への警鐘を鳴らしている。

椹木野衣も、[11]作品は「かたまり」としてまるごと感じるべきで、「言葉にしてしまうとそれにとらわれるようになってしまうので、」と言語化の弊害を述べている。

また、世田谷美術館初代館長の大島清次も、[12]「美術館側から勝手に予測的な見解を一方的に押しつけない方がいい。私たちを含めて、作品群に対する見る側の反応は自由で、できるだけ開放されていることが望ましい。」とし、「職業美術作家も、自学自習の素人作家も、また知的障害作家も問わず、さらに国籍も類別せずに、ただし、関心のある人にはそれぞれに必要な情報ができるだけ詳しく検索できるようにしておいて、まずはともかく何の偏見もなしに…作品群に来館者たちが直に相対する。」と、偏見なく鑑賞するために枠組みをつけることを批判している。さらに、「誰が、何時、何処で、何故作ったのかはそれぞれみな違うにしても、それらを一切不問にして…」と、余分な情報を出すことの無意味さも指摘している。

事実、縄文土器を目の前にした時、「いつ、誰が、何のために、どのような方法で、どのような状況で作ったか」などの情報が必要だとは思わない。

さらに、二〇一九年一月一八日付の朝日新聞にも、「説明控えめ　寡黙な美術展示『先入観なしにじっくり見て』」と題した署名入り（編集委員・大西若人）の記事が掲載されている。その記事では、情報量たっぷりの親切展示が主流だが、展示室に「絵画展で作者名と制作年くらいのもの」「作品名や説明がないもの」「写真展でタイトルや撮影年がないもの」が現れてきたことを紹介している。さらに、美術評論家北澤憲昭の言葉「展覧会は自由に見て自分で考えるべきで、過剰な解説は『余計なお世話文化』だ」を紹介している。

作品の分類・解説は、言葉によってなされる。言葉には、「創造（真実、共感）」と「破壊（虚偽、虚構、反発、誇張、改変、誘導、暗示、操作、暴力、宣伝「プロパガンダ」）」の両面があることを自覚しなければならない。感覚の世界に大人の価値観（言語化・概念化）で解釈して枠をはめるのではなく、まっさらな状態で作品とじっくりと対話できる環境づくりにこそ最大限の努力をしなければならない。

それにしても、言語化（概念化）せずにはいられない、悲しき人間の性《さが》を思い知らされる。

(1) 作品の分類

展覧会の関係者は、目に見える作品の色や形の共通項で分類することに興味をそそられるかもしれないし、可能なことであろう。しかし、分類は表面的な作品の特徴が強調され、作品と一体である作者の心情（生命）との対話をゆがめる恐れがある。作者の心情（生命）が表れている作品を言葉で概念的に分析すればするほど、作者の心情（生命）との対話が遠のくことを自覚しなければならない。個人的に考えるのは自由だが、社会に開かれた展覧会では慎重でなければならない。

分類が優先すると、同じ作者の作品なのに分離して展示されるリスクがある。作品と作者は一体のものである。よって、カテゴリーによる分類のない状態で、個人ごとに展示するのが望ましい。

世田谷美術館の開館一〇周年記念特別展図録の中で、館長の大島清次は、一〇年前の開館記念展『芸術と素朴』で作品を四部構成（素朴派の系譜、近・現代美術と素朴、原始美術と民族美術、子どもと美術〔知恵おくれの人たちの作品を含む〕）としたことに対して、「開館当初の『芸術と素朴』展における四部構成そのものに対する深い疑念である。」「現代美術の理解や研究にまであまねく支配している美術史的な分類主義の現状に対する大きな危惧である。」「人間の心に関わる芸術の原点を求めて、類別はふさわしくないからである。」と、分類して展示したことを厳しく反省し、四部構成そのものに対する自らの疑念を表明している。[13] このように、分類して展示することを問題視している。

そして、この一〇年後の「芸術と素朴」展では、開館記念展で四部構成したことの反省を受けて、「ノン・セクション（部門に分けないこと）」とし、時代の流れに沿った展示をしている。ただし、「ヨーロッパ・アメリカ」と「日本」は分けて展示している。

一方で、積極的に分類している障がい者の展覧会もある。[8] その第一回展では、「ダイアリー」「ワクワク・ドキドキ」「アト（跡）」「アイコン（イコン）」「コラボレーション」の五つに分類して展示している。

例えば、穴で埋め尽くされた作品は「アト（跡）」に分類されるにちがいない。確かに、見た目は穴の痕跡でしかない。しかし、作者は痕跡をつけようとして行為（制作）してはいないはずである。どのような思いで粘土に穴を開け続けたかは、作者のみぞ知る。いや、作者でも知らないかもしれない。それなのに、目に見える表面の痕跡に着目して「アト（跡）」に分類するのはどうだろうか。「アト（跡）」と分類することは、作品の鑑賞者に先入観を持たせるリスクがあると同時に、作品と丸ごと対話するのに意味があるとは思わない。

第二回展では、支援者の「ヒト」、支援環境の「トコロ」、授業やワークショップなどの「コト」に分類している。これは、作品そのものよりも、制作された背景や作者との関係（誰と、どこで、どのような環境で）を重視していることになる。研究論文なら分からないでもないが、作品の鑑賞に「制作された背景や作者との関係」が必要であるとは思わない。

(2) 作品の解説など

作品などの解説は、「作品の分類」と同じ問題を抱えている。健常者である関係者は、作品の特徴、制作の様子、作者などについて語りがちである。いわゆる、解説である。作品の特徴の一部や他人が知らないことなどを解説すると、解説する本人は満足かもしれないが、感覚の世界を言葉で語れば語るほど、作品の生命との対話は遠のいてしまう。そもそも、制作時の作者の心情や作品の生命を言語（概念）で捉えることは不可能である。言語（概念）による解説は、じっくり作品と対話するのに何の役にも立たない。鑑賞者には鑑賞者の数だけの対話の仕方、感じ方、受け取り方がある。

作品の特徴を具現する展覧会名は考えなければならないが、「解説」は作品の中身に立ち入ることになるので、慎重でなければならない。解説そのものは事実で、正しいかもしれない。しかし、それは一面にすぎない。

例えば、「今日の空の青はすばらしい」と言う場合、そのこと自体は間違ってはいない。しかし、「青さ」にもいろいろある。空を見た人全員が「その青さがすばらしい」と感じるかは分からない。しかも、「青さ」だけでは、空を表しきれない。風や気温や匂いもある。山・樹木・海や川、建物なども一体である。しかも、刻々と変化する。さらに、空に対する思いは人によってさまざまである。

次に、ネーミングを考えてみたい。その木を「桜」とネーミングするのは人間の勝手で、その木には全く関係ないことである。人がコミュニケーションするときに、イメージの一部を共有できるにすぎない。「桜」と話しても、話し手と聞き手のイメージが一致することはありえない。また、眼前に桜の木があれば、木の名前に関係なくその人なりに桜と関わることになる。

桜がきれいに咲いていても、気に留めない人すらいるかもしれない。

人は、「ネーミング・分類（カテゴライズ）・解説」で、作品と対話するのではない。個人が作品を見て、「ネーミング・分類（カテゴライズ）・解説」するのは自由である。しかし、「ネーミング・分類（カテゴライズ）・解説」がなければ対話できないことは絶対にありえない。「ネーミング・分類（カテゴライズ）・解説」が、作品との対話に役立つとは思わない。研究者や学芸員にありがちな「ネーミング・分類（カテゴライズ）・解説」は、かえって先入観を与えるだけである。

関係者による解説はじゃまになり、作品の生命と敵対するだけである。解説は、作品との対話に不可欠なものではない。いくら言論の自由があるからといえ、作品の内面に、作者の内面に一方的に立ち入って、一方的に解説することはよいことではない。言語（概念）による解説には、慎重でありたい。

また、障がい者の展覧会などでは、講演やパネル・ディスカッション、シンポジウム、フォーラムなども行われることがある。問題は、そのテーマである。「人はなぜものを創るか」「作品はどのように生まれるか」などのだれもはっきり分からない、とてつもなく大きなテーマを掲げているケースもある。登壇者がほんとうに分かるのだろうかと、疑問に思ったことがある。そのテーマで、論文や著作がたくさんあったとしても、永遠の課題であることは間違いがない。ただし、まだ解明されていないその大きなテーマで個人的に研究発表するのは自由だが、障がい者の展覧会などに組み込むのは問題が多い。障がい者の生命の表れである造形作品を基に、「人はなぜものを創るか」「作品はどのように生まれるか」などを言葉で語り尽くすことはできない。語れば語るほど、作品の生命性から離れていくだけである。それとも、語れるほどの強者がいるのだろうか。

研究者や学芸員が、とおりいっぺんの障がい者の展覧会の歴史を語ったり、作家を論じても意味がない。興味のある人に、情報を提供すればよいだけである。

展覧会に関係する企画者・研究者・学芸員などが、感覚の世界に大人の価値観（言語・概念）で解釈して枠をはめるのではなく、まっさらな状態で作品の生命とじっくりと対話できる環境の設定に最大限の努力をしなければならない。

10　図録・作品集・画集・報告書類はどうあるべきか

展覧会では、展覧会に合わせて図録が作られることがある。また、展覧会の終了後には、作品集や画集や報告書などが発行されることもある。それぞれ、決まり事がないので、さまざまである。「図録」と「作品集」は作品がメインとなる。「報告書類」は作品も掲載されるが、文章なども掲載されることが多い。

「図録」は、「図」をまとめたものである。「図」は、「絵図」「地図」「図面」からきている。これらには、写真や図表などが該当する。アートの図録は、若干の文章などは入るが、作品の写真が主となる。「図録」は範囲が広いので、アート作品のみの場合は作品をまとめた意味の「作品録」、若しくは作品を集めた意味の「作品集」でもよいかもしれない。

障がい者の優れた作品を伝えるためには、「図録」の作り方も重要となる。作品が美しく伝わってくる例として、次の三点を紹介する。

・アトリエインカーブ（二〇〇六年）：『ＡＴＥＬＩＥＲ　ＩＮＣＵＲＶＥ』、ビブリオインカーブ。

・吉永太市編（二〇一五年）：『遊戯焼《ゆげやき》　生の象形　一麦寮生の足跡から』、田村一二記念館。
・井上隆雄（一九八五年）：『土に咲く――美のメッセージ、障害者施設から。』、ミネルヴァ書房。

なお、障がい者の作品集はまだまだ少ないので、もっと発行されていかなければならない。また、図録・作品集・画集・報告書類には、作品の「作者名・所属・題名・サイズ・制作年・素材及び技法」などが記載されることが多い。作家や施設・学校の紹介文が載っているものもある。

片や、「造形作品展の記録」をうたっているのに(8)、全頁の約半分が文章（実行委員、基調講演、パネル・ディスカッションなど）、実行委員による展示の準備や展示中及び実行委員の集合写真が全頁の約八パーセント、展示会場の写真が全頁の約一七パーセントを占め、個々の作品は全頁の三割弱にすぎないものもある。しかも、掲載されている作品の写真に題名や作者名が表記されているものもあるが、「題名も作者名も表記されていないもの」「作者名が表記されていないもの」「作者名がイニシャルのもの」「作品の写真が切り抜かれて全体が分からないもの」などもある。作品の大きさや所属なども不明である。出品作品のリストも掲載されていない。出品した全ての作者及び作品に敬意を表するなら、たとえ労力を要しても、出品リストを作成して掲載すべきである。出品リストがあってこそ、「造形作品展の記録」に値するのではないだろうか。

この図書の構成内容からすると、障がい者の作品のすばらしさを伝えるための「作品展の記録」というよりも、実行委員会による「展覧会の報告書」がふさわしいのではないだろうか。

障がい者の作品のよさを伝えるためには、撮影方法、レイアウトなどのデザインも密接に絡んでくる。また、作品の分析や評価などは、論文等で別途書くべきである。あくまでも障がい者の作品を中心とし、解説などは最小限に留めるべきである。

全ての出品作品を紹介している図録もある。全ての作品を紹介できない場合でも、作家に敬意を表するためにも、記録として正確に残すためにも、出品リストの掲載は不可欠である。

11 報道などに求められるもの

一人でも多くの人に見ていただくためには、マスコミなどへの働きかけも必要である。展覧会の開催予告や、展覧会が開催中であることを写真入りで伝えることは必要であり、問題はない。しかし、展覧会の内容に踏み込む場合は、記者の知識と眼力が試される。

筆者が住んでいる青森県ではこの四～五年の間に、比較的大きな障がい者の展覧会が二回開催されている。

青森県を代表する地方新聞二紙は、この展覧会を二回とも大きく扱っている。しかし、筆者からみると、この展覧会は課題が散見されるので、二紙ともこの展覧会を大きく扱った理由を知りたいところである。

例えば、第一回展では二紙とも関係者稿を五回掲載している。記者稿もそれぞれ一回掲載している。また、一紙は社説でも取り上げている。第二回展では、二紙とも関係者稿を三回掲載している。記者稿は、一回と二回である。一紙が社説で、もう一紙は第一面のコラム欄で取り上げている。このように、一つの展覧会にしては大きく扱っている。

記者稿、特に社説やコラム欄で展覧会の内容に関わる記事は簡単には書けない。新聞社の原稿は最終的に社内チェックを受けるが、少なくとも、国内外の障がい者の展覧会の状況や課題などを詳しく理解していなければならない。

記者に限らず、障がい者の作品はすばらしく、障がい者の展覧会はとてもよいとの先入観を持ちがちであるのは否めない。さらに、記者は守備範囲が広くなるので、障がい者の展覧会に精通しているのは極めてまれなことにちがいない。そこで、主催者からの情報に頼った記事及び内容になるリスクを抱えることになる。

マスコミの使命は、真実を伝えることにある。真実を伝えるためには、目の前にある障がい者の作品や展覧会の長所と課題を的確に評価できる確固たる知識と眼力がなければならない。「一つ一つの作品が個性を開花した作品であるか」「スタッフの介入が感じられる作品はないのか」「一つ一つの作品とじっくり対話できる展示になっているか」「作品の鑑賞に先入観を与える分類や解説がないか」「実行委員会などの組織がしっかりしているか」「実行委員会・実行委員は黒子に徹しているか」などを見極める能力が、記者には求められる。

かつて知人が、松下幸之助に「予算書や決算書の細かいところが分からなくても、景色が読めれば経営者は務まる。」という主旨の話をされたと聞いたことがある。書類から、「目立つところ」「不自然なところ」などを見抜くことの大切さを話されたのだと思っている。

障がい者の展覧会でも、たとえ専門的な知識などが記者になくても、感覚を研ぎ澄ませて、展示や主催者の話から本質を見抜かなければならない。

また、著名な心理学者は、[14]レッジョ・エミリアの美術指導員は子どもに「教える」のではなく、いっしょにアートしている「アートごころ」が子どもに感染して、子どもに「原因まね」が生まれるのではないかとしている。そのうえで、ねむの木学園でも同じような状況から見事な作品がうまれたのではないかとしている。そして、宮城まり子の著書から、宮城氏がねむの木学園に入っていた画家の谷内六郎氏に「子どもたちに絵を教えないでください。ただ、あなたはそこでご自分で絵を描いていてください。」とお願いしたことを紹介している。

しかし、筆者は下描きから完成までの間に修正させられたり、時には直接手を加えられたりしているのを目撃したことがある。全く介入しない作品も多いが、教えられたり、修正させられたりした作品があるのは事実である。

裏を取るのは難しいかもしれないが、きちんと確認すべきである。また、作品にスタッフの介入があるかは眼力があれば見抜けるはずである。マスコミや研究者などの外部の人に求められるのは、当事者からの情報をうのみにしないで、正しい評価に基づく真実の報道と記述である。記者や図書の執筆者などは、本質に迫ろうとする強い問題意識と鋭い感性・洞察力がなければならない。

第３章　写真撮影では何に留意すべきか

作品などの写真撮影は、記録のためにも、図録やパンフレットなどの作成やホームページなどで紹介するためにも必要である。写真撮影は強制されないし、義務でもないので、必ず写真撮影をしなければならないものでもない。

デジタルカメラは性能がよいので、誰でも簡単に失敗のない写真を撮影することができる。デジタルカメラは感度も高いし、焦点も素早く合わせてくれるので扱いやすい。ただし、写っているからといって、それが使える写真に値するかは別問題である。

制作中の写真であれ、完成した作品であれ、障がい者自身や作品の心をありのままに受け止めた写真でなければならない。

1　活動の様子を撮影する

(1)　撮影には許諾が必要である

撮影する写真には、「記録や研究用で、公表を前提としないもの」「公表する可能性があるもの」「公表しないもの」「必ず公表するもの」の四種類が考えられる。誰でも勝手に写真を撮られるのはいやである。四種類のいずれの写真であっても、撮影する場合は障がい者（保護者）の許諾を得なければならない。撮影した写真を展示したり、印刷物などで使いたい場合は、そのつど許諾が必要なのは言うまでもない。

(2)　撮影する意志が必要である

筆者は土粘土の授業に取り組んでいたとき、土粘土に触ると手が汚れるので活動中にカメラを操作するのは無理であると決めつけていた。しかし、重度心身児療育施設第二びわこ学園の粘土室担当の田中敬三が撮られた写真を見て、意志があれば撮れることを学んだ。撮れないと決めつけていた自分を恥じた。その後、写真を撮り始めた。土粘土の授業は、粘土を渡すときや作品を受け取るときは土粘土を素手で扱うが、活動に集中しているときは見守ることが重要なので、撮影することが可能になる。制作者は制作に集中しているし、いつもいっしょにいるスタッフなので、写真を撮られていることはあまり気にしない。それでも、あまり近づくのは失礼なので望遠系のレンズを使うようにした。

制作中の写真や作品の写真を見て、制作中に気づかなかったことを発見することも少なくない。

(3) 人や作品ではなく心を撮影する

授業を興味本位で撮影したり、上から目線で撮影したりするのは撮影者としては失格である。学校外の撮影者が、「…写真を撮りまくっていた。[15]」と書いてあるのに驚かされた。授業は、神聖かつ貴い営みである。

制作中の写真を撮影する場合は、作者の表情や粘土の変化を撮るのではない。レンズを通して伝わってくる作者の生き生きと輝く心に共感し、その一部としてシャッターを押させていただくのである。「撮る」のではなく、「撮らせていただく」のである。「撮らせていただく」でも制作活動に割り込むことに変わりがないので、制作者には失礼なことかもしれない。

いずれにしても、撮影者自身が心揺さぶられる、かけがえのない時間をともに過ごしていることに感謝しなければならない。筆者自身、カメラ（レンズ）の存在を忘れることがしばしばあった。カメラを意識させないほど、筆者の心が揺さぶられたのである。

また、いろいろなマスコミの取材を受けたことがある。明らかに、事務的に撮影して帰るカメラマンもいた。しかし、中にはプロを感じさせるカメラマンもいた。土粘土の活動は、一斉かつ同時に進行する。よって、レンズの視角に入るのは一部である。一人にカメラを向けているときに、背後で感動的な活動が展開されているかもしれない。スタッフの私は、子ども一人一人の活動がある程度予測できる。しかし、初めて訪れるカメラマンは知らないので、予測できない。この作者の制作中の様子を撮影すればよいのにと思ったら、そのカメラマンはなんと撮影していたのである。制作中の作者の心を感じる感覚が、鋭かったのである。さすがプロだと思った。安心すると同時に、いい画が撮れると確信した。

2　作品を撮影する

⑴　平面作品（絵、版画など）

フイルムの場合は、露出が合わないと白すぎたり、逆に黒すぎたりして失敗することがある。黒い布の上に作品を載せて撮影したら、露出オーバーで失敗したことがあった。そこで、単体の露出計を購入した。しかし、デジタルになってからは、誰でも大きな失敗もなく写真が撮影できるようになっている。それでも、カメラは「真っ黒」を真っ黒に、「真っ白」を真っ白に写すことや、四角いものを写すことは苦手である。

平面作品の場合は、作品全体を写すためには画面に少し余裕を持って写さなければならない。作品がカットされるのは困るが、作品と関係ないものまで作品の周辺に写り込むことは問題がない。後で、修正すればよい。

平面作品は色の再現が重要となるので、明るいライティングが必要になる。照明は、左右に置くことが基本となる。また、ガラスやアクリルに入った作品や、アクリル絵の具・油絵の具などの場合は反射することがある。その場合は、撮影する部屋を暗くするとともに、撮影者も黒装束が望ましい。三脚などの撮影機材の反射にも注意する。そのうえで、光源の位置を変えながら反射の少ない光源の位置や照度を根気強く探さなければならない。

シワのある作品は、作品を傷めないテープで張ったり、無反射ガラスを被せて撮影するとよい。

⑵　立体作品（粘土など）

土粘土などの立体作品は、作品の特徴が出るためのカメラアングルは決して同じにはならない。その作品のよさが最大限に発揮されるカメラアングルと照明を、根気強く探さなければならない。その次に、その作品のよさが最大限に発揮される照明を考える。自然光がよい場合もあるし、人工の照明が適している場合もある。部分的に照明を調整したい場合は、百均で販売している小さな鏡も役に立つ。複数個あると便利である。時間を要するのは、覚悟しなければならない。指紋のある作品は、指紋もしっかり写るようにしたい。

撮影の後に切り抜く場合は、背景は問題にならない。切り抜かない場合は、黒・グレー・白などの背景紙を用意し、作品に合わせて選ぶ。

3 写真を修正する

写真の修正は、プロのカメラマン・デザイナー・印刷会社の専売特許ではない。これだけパソコンが普及し、修正のためのアプリケーションは高額なものから、フリーソフトまである。修正する意志があれば、誰でも修正可能な時代である。修正技術は、後からついてくる。

障がい者の制作活動や展覧会に関わる人は、写真の撮影法とともに写真の修正法を身に付けなければならない。撮影法や修正法を身に付けていれば、印刷を発注するときも役に立つ。その結果、印刷会社に任せるよりも、具体的な意見や要望を伝えることによって、よりよいものに仕上がることが期待できる。それは、障がい者の利益にもつながる。

作品がきれいに写っている図録には、未修正の写真は使われていないのではなかろうか。しかし、図録以外では、明らかに未修正の写真が散見される。

プロのカメラマンはもともと撮影がうまいのに、想像を越えるカット数を撮ってから、ベストショットを選んでいる。さらに、修正を加えている。いい写真に仕上がる必然性があるのである。撮った写真を未修正で使うことは、ありえないのである。

そもそも、いくら高級レンズでも形や色の収差がある。形の収差には、「糸巻き型（糸巻きのように真ん中が凹む）」若しくは「樽型（樽のように膨らむ）」があるので、四角いものを完全な四角に写すことはできない。そこで、撮影後にパソコンで修正しなければならない。フォトショップなどのアプリケーションには、撮影したレンズを判断して、自動で補正をかけられる機能もある。それでも納得できない場合は、手動で補正をかければよい。

また、「明るさ」「コントラスト」「色合い」の修正はもちろん、「傾き」の修正や「余分に写っているものや汚れ」「シワ」「光の反射」の消去なども必要になる。作品の背景をカットするために、作品を切り抜くこともある。

また、カラー写真をモノクロで印刷する場合は、修正しないと使えないことが多い。カラーをモノクロにすると、全体に濃くなる傾向がある。この場合は、明るさやコントラスト若しくはヒストグラムを調整する。さらに、「赤」と「黒」が類別されなかったり、「黄」が飛んでしまったり、薄くなってしまう場合がある。その場合は、それらの色を別の色に置き換えるなどをしてからモノクロにしてみる。そして、納得できるまで調整しなければならない。現代は写真修正用のアプリケーションも進化しているので、修正筆を使っていた時代に比べればいかなる修正も可能になっている。

写真は実物ではないという宿命から逃れられないが、作者や作品の心が最大限に伝わってくる写真にしなければならない。そのための勉強と労力を惜しんではならない。修正技術は、やり始めると向上する。やらないままだと、いつまでもできない。やる人と、やらない人の差は広がる。

修正しない結果、作者や作品の心が伝わらない写真になるのは、障がい者に大変失礼である。自分にとっても、惨めである。

第2部 「障がい者の制作活動」の在り方

第1章　制作活動の目標・目的は何か

制作活動する本人が、「自由で、主体的な表現」を楽しむことが何よりも求められる。そして、主体的な表現の高まりを通して、成就感・達成感・充実感・満足感・自己肯定感を実感する。この実感が、意欲・自信・自尊心・忍耐力・集中力などの人格形成に関わる非認知能力を育む。

制作活動は、「自由で、主体的な表現を楽しむ」ことを通して、人格の形成に大きく寄与しなければならない。人格の形成に寄与できる制作活動になるか否かは、スタッフがその鍵を握る。

1　学習指導要領における図画工作・美術の目標

知的障害の特別支援学校小学部「図画工作」の目標(3)と小学校「図画工作」の目標(3)は同じで、「つくり出す喜びを味わうとともに、感性を育み、楽しく豊かな生活を創造しようとする態度を養い、豊かな情操を培う。」になっている。知的障害の特別支援学校中学部「美術」の目標(3)は「創造活動の喜びを味わい、美術を愛好する心情を育み、感性を豊かにし、心豊かな生活を営む態度を養い、豊かな情操を培う。」になっている。知的障害の特別支援学校高等部「美術」の目標(3)と中学校の「美術」の目標(3)は「美術の創造活動の喜びを味わい、美術を愛好する心情を育み、感性を豊かにし、心（中学校は「心情」）豊かな生活を創造していく態度を養い、豊かな情操を培う。」で実質同じである。「豊かな情操」がキーワードになっている。

このように、「小学校・知的障害小学部」と「中学校・知的障害中学部及び高等部」では微妙に文言を変えているが、本質は同じようなものである。発達年齢に合わせて、無理に文言を変えているとしか思えない。「つくり出す喜び」よりも「創造活動の喜び」、「感性を育み」よりも「心情を育み」、「楽しく豊かな生活」よりも「心情豊かな生活・心豊かな生活」が高次だとは思わない。

「つくり出す喜び」「創造活動の喜び」「感性を育む」「心情を育む」「豊かな生活」「美術を愛好する」は、発達年齢や個人による差異はあっても、発達年齢や個人に関係なく大切なことである。

また、学習指導要領では「情操」を芸術科目と関連づけているので、「音楽」も同じ使い方をしている。「情操」を芸術科目に押し込める必要はないが、図画工作・美術・音楽では「情操」が最重要なキーワードになっている。それなのに、「情操」の詳しい解説はない。また「情操」を詳細に論じた発表・論文・図書にお目にかかったこともない。

2 情操とは

広辞苑によると、情操は「感情のうち、道徳的・芸術的・宗教的など文化的・社会的価値を具えた複雑で高次なもの。」とある。つまり、「感情が高次化」したものとしている。筆者は、これを「感情高次化・理念化説」[16]とした。社会には、この考え方が浸透していると思われる。「情操」を「感情が高次化したもの」とする考えには、感情を幼稚で低次とする考え方が読み取れる。果たして、そうだろうか。幼児でも、知的発達に遅れがある人でも、豊かな感情は持っている。「感情高次化・理念化説」の考え方に立てば、感情を高め、引き上げることが教育の目標となる。そのために、教師の指示・注意・命令・禁止・補助・介助などが多くなる。

この「感情高次化・理念化説」に対立する考え方として、筆者は「心情・心情成育説」[16]の重要性を主張してきた。この考え方は、感情には高次も低次もないとし、感情のベースであり、精神と肉体をつなぐ「心情」そのものを本人自身が育んでいくことが重要であるとした。そのため、「驚嘆・愛・手本」が重視されるとともに、指示・注意・命令・禁止・補助・介助などではなく、現実を受け入れて育むことを重視すべきであるとした。

また、「感情高次化・理念化説」は感情を精神的（意志的、意識的、概念的、理念的）に捉えるのに対して、「心情・心情成育説」は心情的（無意識的、生命的）に捉えている。

このように、「情操」をどのように考えるかによって、制作活動の質が根本的に変わってくる。

「自由で、主体的な表現を楽しむ」ためには、「感情高次化・理念化説」ではなく、「心情・心情成育説」に立脚しなければならない。造形教育の最も重要なキーワードになっている「情操」を、スタッフ一人一人がどのように理解しているかが問われている。

3 人格の形成と非認知能力

教育にかかわらず、人間にとって重要なのは、「人格の形成」である。「人格の形成」とは、「豊かに生きる力」であり、非認知能力（社会情動スキルとも言われる）と密接な関連がある。人格の形成に関わる非認知能力には、主体性、意欲（目標への情熱・努力）、好奇心、自信、楽観性、自尊心、自己肯定感、忍耐力、自己抑制、情緒の安定、集中力、持続力、表現力、コミュニケーション力、想像力、創造力、社会性（ルール遵守・相手に対する敬意・思いやり・寛容性、チームワーク・協調性）、丁寧さ、まじめさ、誠実性、責任感、畏敬心、感受性、観得力などがある。これらの重要な非認知能力は、制作活動とも密接に関連しているので、配慮しなければならない。無論、認知能力に関わる思考力、判断力、知識、技能なども重要となる。

(1) 非認知能力とは

認知的スキル（認知能力）は「知識、思考、経験を獲得する能力」「獲得した知識をもとに解釈し、考え、外挿する能力」[17]とされるのに対して、社会情動的スキル（非認知能力）は「一貫した思考・感情・行動のパターンに発現し、フォーマルまたはインフォーマルな学習体験によって発達させることができ、個人の一生を通じて社会経済的な成果に重要な影響を与えるような個人の能力」とされ、「目標の達成、他者との協働、感情のコントロールなどに関するスキルである。」としている。[17]

非認知能力は人間が生きていくための基盤になるもので、認知能力の土台となり、密接に関連している。

①　OECDによる社会情動スキル（非認知能力）[18]

・目標の達成〜忍耐力、自己抑制、目標への情熱（意欲・モチベーション）、注意・集中・持続力、自己効力感、統制の所在、勇気、努力など。

・他者との協働〜社交性・社会的スキル、向社会性、寛容性、信頼、敬意、思いやり、共感、チームワーク、コミュニケーションなど。

・情動の制御〜自尊心、楽観性、自信、内在化・外在化問題行動などのリスクの低さなど。

②　ビッグ・ファイブによる社会情動スキル（非認知能力）[19]

・外向性〜社交性、積極性、活発さ、冒険性、熱意、温かさ。

・協調性〜信頼、率直さ、利他主義、迎合性、謙遜、共感。

・誠実性～効率、組織、忠実、目標達成への努力、自己鍛錬、熟慮。
・情緒安定性～不安、いらだち、抑うつ、自意識、衝動性、脆弱性。
・開放性～好奇心、想像力、審美眼、行動（幅広い関心）、興奮性、独創性。

(2) 制作活動と非認知能力

制作活動では、学校や施設などのスタッフに指示されたものを、指示どおりに制作するのは論外である。制作活動は、スタッフが求める表現をすることでも、見栄えのよい作品を作ることでもない。制作者本人が試行錯誤しながら、イメージを深め、主体的な制作活動を通して、非認知能力の育成も意識しながら、人格の形成に寄与しなければならない。

制作活動は題材に直接関係する目標にのみ目が向きがちだが、非認知能力こそ重視しなければならない。題材の目標は、知識・技能などの認知能力関連になりがちである。題材に直結する目標も必要だが、制作活動で期待できる非認知能力で特筆されるものも掲げるべきである。「発達段階」や「教科及び領域」の特性を考慮した「各能力を確実に育むための具体的な活動内容と支援方法」を事前にシミュレーションし、確実に育まなければならない。スタッフが考えたとおりの活動を制作者にやらせるのではなく、活動を通して、非認知能力を主とする

「豊かに生きる力」を確実に育まなければならない。

　制作活動の目的は、「いい表現をする」ことや「いい作品を作る」ことではない。制作活動では、主体的な制作活動が展開されるための活動内容や環境づくりを徹底的に研究しながら、次の非認知能力（一例）の育成を意識しながら、人格の形成に寄与していかなければならない。

・意欲（目標への情熱・努力）・自信・楽観性・自尊心

成就感・達成感・充実感・満足感・自己肯定感を得られる制作者主体の制作活動を積極的に推進する。

・忍耐力

制作活動で少しでもよい点が見られたら褒めるとともに、相談があれば親身に応じる。

・集中力

興味を持って、制作活動に集中して取り組める活動内容及び環境を考える。魅力ある活動内容及び環境を用意しなければ、集中することは難しい。

・社会性・協調性

「コミュニケーション力」

・制作活動中の、相談・報告・協力の場面を大事にする。

「ルール」

・制作活動に関わる準備や片づけ、順番の場面などを捉える。

「敬意・思いやり」

・制作中に他人のじゃまをしたり、嫌がることなどをしたら、相手の気持ちを考える。

「社交性」

・スタッフが仲立ちして、心地よい制作集団を作る。

「丁寧さ・まじめさ」

・制作に関わる材料や道具を大切に扱う。

4 制作活動はスタッフが想定する作品を作らせることではない

学校の図画工作・美術の授業では、ややもすると「作品づくり」が目的化する。「作品づくり」そのものには意味がある。しかし、教師の意識が、「図画工作・美術の授業＝教師が設定した作品づくり」にとらわれ、蝕まれがちである。

教師は、制作者が主体的な活動を通して、豊かな制作活動を展開するための環境を徹底的に考えなければならない。そのための活動場所・内容と材料を考えるのは当然である。しかし、教師は教師主導による「作品づくり」の意識が強いため、教師が作らせたい作品（題材）がおのずと重視される。年間計画も、作品づくりに関わる題材の羅列になりがちである。教科書にも作品が多く載ることになる。題材関連の図書類も、完成した作品とその作り方で埋まることになる。いわゆる「ハウ・ツー本」である。「ハウ・ツー本」の多さに、愕然とする。

保育園・幼稚園及び小中学校・特別支援学校では週時間割が決められている。スタッフに持ち札が少なければ、毎週の活動内容を考えることは大変なことにちがいない。そこで、「ハウ・ツー本」に頼ることになる。いろいろな実践や図書類を参考にすることは悪いことではない。スタッフに求められるのは、「どのような作品を、どのように作らせるか」ではなく、「その題材で、いかに主体的な制作活動を創るか」である。

実際の授業では、制作者主体の活動に関わる目標を掲げても、教師が想定する作品を作ることが優先しがちになる。制作者が主体的に制作するのではなく、教師によって作らされる制作活動になるのである。

制作者主体の制作活動を目標にするなら、教師が制作活動に介入したり、制作活動を妨害することはありえない。しかし、現実は必ずしもそうとは言い切れない。必要な支援と介入・妨害は真逆なはずなのに、介入・妨害するスタッフは必要な支援だと思っていることに深刻さがある。必要な支援と思っても介入・妨害になりうることを考えると、必要な支援と介入・妨害は、紙一重である。

第2章　制作活動の特質

1　表現の意味

(1)　用語「表現」の意味

「表現」は、よく使われる言葉である。さらに、一般的には「表現」よりも「表出」が低次とされている。しかし、「表現」は「表に表れる」意だが、「表出」は「表（外）に出る」意である。「出」は、「出る」という意志が働く。

よって、内面が外に表れるなら「表現」でかまわないが、内面にあるものを意志を持って主体的に出すなら、「表出」が望ましい。「表出」よりも更に望ましい言葉に「造形」があるが、「表現」が浸透しているので、あえて「表現」の用語を使うことにする。

(2) 人間における造形の本質

人間という生命はそもそものようなものなのか。そして、造形はどうして生まれるのだろうか。この大きな問いのヒントは、ドイツの哲学者ルートヴィッヒ・クラーゲス（以下、クラーゲス）にあると思っている。

① クラーゲスにおける人間の図式と個人的生命過程(20)

人間を「精神（こころ）」と「身体（からだ）」に捉える二元論が支配的だが、クラーゲスはアリストテレスなどに依りながら、図1のように、人間の生命は「肉体（身体）」と「心情」から成り、後から「精神」が闖入《ちんにゅう》したとしている。生命を形成する「肉体（身体）」と「心情」は双極の不可分な関係にある。

そして、「精神」「心情」「肉体」の働きを、表1のように捉えている。表1では、人間は後から闖入した「精神」によって、肉体の覚醒に加えて、心情の観得力が目覚める。さらに、心情の観得力が目覚めることによって、表現（造形）する性能を持つことになる。

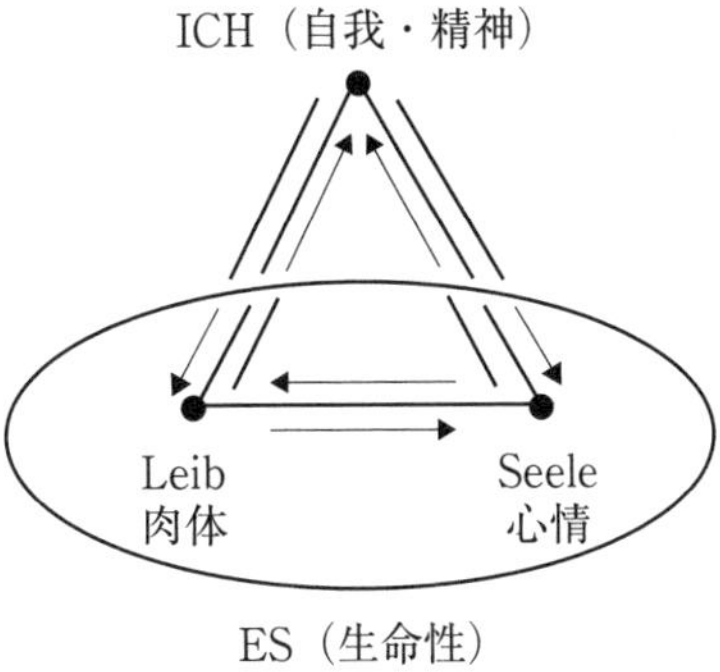

図1　クラーゲスにおける人間の図式

表1　クラーゲスにおける個人的生命過程

	摂受面（受容面）	実施面（効果面）
精　神 （自我）	領取能作 （理解、判断）	随意能作 （意志、意欲）
心　情	観　得	形　成 （造形性能）
肉　体	感　覚	欲動推進 （運　動）

植物は「心情」も「肉体」も目覚めないが、動物は「肉体」だけ目覚めるとしている。なぜなら、「心情」が目覚めるための「精神」が、植物や動物にはないからである。

　なお、動物は肉体極に比べて心情極が劣るが、人間は肉体極と心情極が同等になり、精神が宿って自我者になったとされる。[21] よって、人間の心情は動物の心情より豊かである。そして、人間には動物に

表2　クラーゲスの動向一覧表（抄）

捨我（解放）	執我（拘束）
精神的動向	
1′　感激性能	1　理性性能
a　真理渇望	a　理論：事理性、批判
b　形成衝動	b　美的：様式欲求
c　適正愛	c　倫理：義務、責任感
個人的動向	
2′ a　自発的捨我 自然・郷土への愛、献身	2 a　自我拡大 攻撃・取得・支配・名誉欲
2′ b　受動的捨我 善良、温かみ、柔和	2 b　保　身 心配、警戒、恐怖
2′ c　反応的捨我 関与、同情、諦観	2 c　自我復習 反抗、復讐心、意地悪
（以下略）	

はない自我としての「精神」が宿ることになる。

どのように感じて、どのように表現するかは、「精神」のありように大きく左右されることになる。表2[22]のように、「精神（人間の動向）」には「捨我（解放）」と「執我（拘束）」の両極性がある。人間の精神は、いつも同じではない。両極の間で動くことになる。動向間の抗争も起こる。

「捨我（解放）」の状態とは、言葉どおり、我欲を捨てた状態、自我にとらわれない状態、心情が精神から解放された状態である。一方、「執我（拘束）」の状態とは、言葉どおり、我欲・自我にとらわれた状態、心情が精神に拘束され、敵対した状態である。

クラーゲスによると、精神が捨我の状態に留まっていれば豊かな文化・文明が生まれるが、執我が強まれば文明や自然が破壊されるとしている。今日の自然破壊を予言している。クラーゲスの主著のタイトル『心情の敵対者としての精神』（うぶすな書院、全四冊）から分かるように、クラーゲスは人間の心情（生命）と敵対する執我としての精神の本質を徹底的に論じている。

制作活動に関わるスタッフの精神は、執我としての精神ではなく、捨我としての精神でなければならないのは明白である。また、心情の受容面である観得は、実施面である造形と一体であり、かつ、観得は造形のベースとなるので、観得力を育むことが重要である。

2　制作活動と感覚

制作活動は、座学ではない。座学は頭で考えることが主だが、制作活動は五感や体性感覚・運動野などを駆使して行われる。

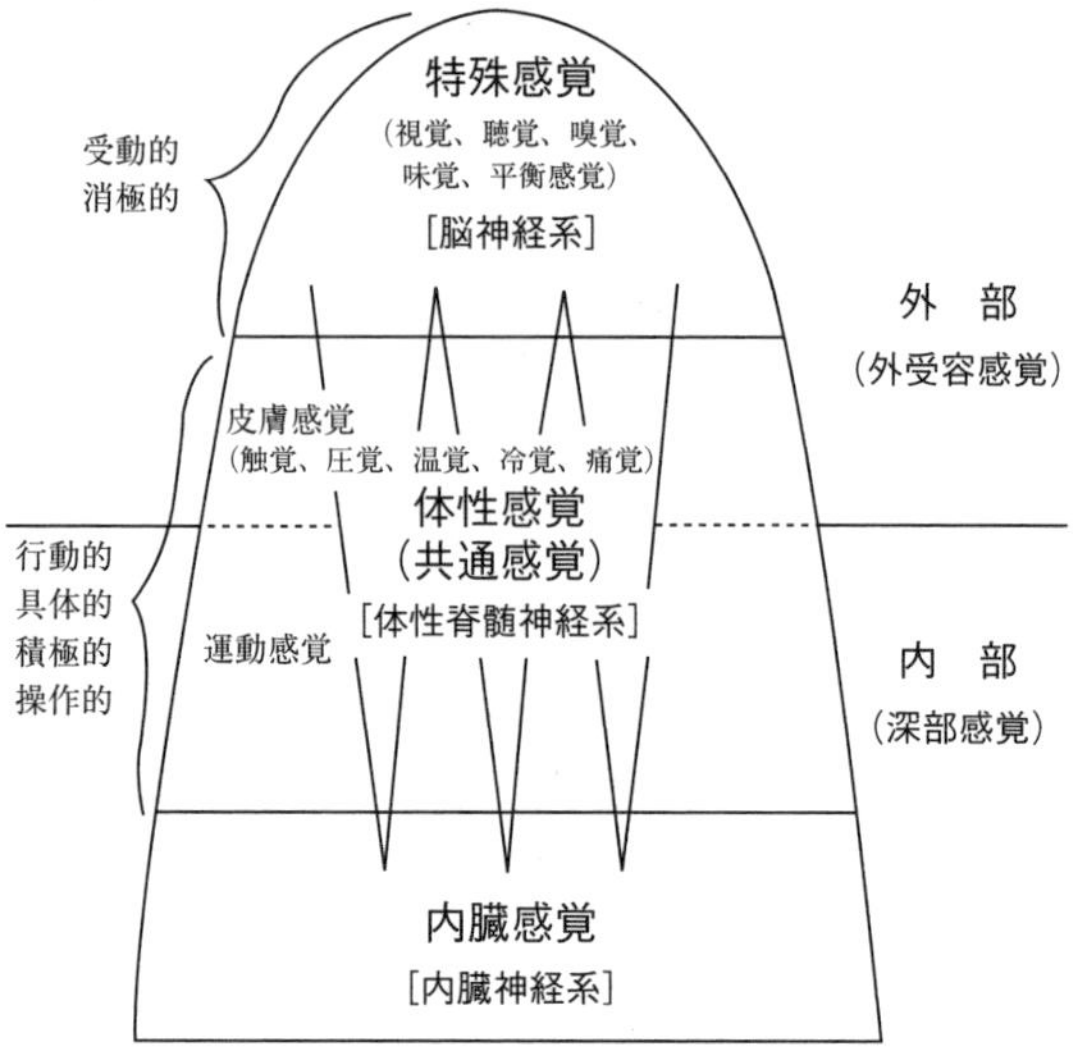

図2　感覚の構造

感覚は図2のように[23]、感覚器官が局在する「特殊感覚（視覚・聴覚・嗅覚・味覚・平衡感覚）」、「皮膚感覚（触覚・圧覚・温覚・冷覚・痛覚）」と「運動感覚」で構成される「体性感覚」、「内臓感覚」の三つから成る。「体性感覚」は外受容感覚と深部感覚の両方の感覚とも絡まる重要な感覚で、「共通感覚」とも呼ばれる。

これらの感覚野は、運動野と一体となって働くことになる。手を動かすと、筋肉や腱や関節なども動くので、深部感覚とも絡まる。また、内臓感覚は一部しか自覚できないとされるが、特殊感覚や体性感覚からの刺激は内臓感覚とも絡まると考えなければならない。

全ての感覚を表す言葉として「五感」が使われることが多いが、「五感」はふさわしくない。なぜなら、「五感」には特殊感覚の一つである「平衡感覚」、体性感覚の皮膚感覚である「圧覚・温覚・冷覚・痛覚」、同じく体性感覚の「運動感覚」、「内臓感覚」が含まれないからである。制作するときに、身体のバランスをとる平衡感覚は外せない。また、土粘土などを触ると、温かさ（温覚）や冷たさ（冷覚）を感じる。道具を間違って操作すると痛み（痛覚）も感じる。さらに、手などを動かすときは「運動感覚」が密接に関わる。

「視覚・聴覚・嗅覚・味覚・触覚」を指す場合は、「五感」でかまわない。しかし、「五感」の用例の大半は「視覚・聴覚・嗅覚・味覚・触覚」の五つの感覚ではなく、全ての感覚という意味で使われている。感覚の種類や構造を、知らないまま使っているのではないだろうか。そして、いつの間にか、全ての感覚を表す言葉として「五感」が定着している。無論、感覚の種類や構造を知識として獲得するだけでは意味がないが、それぞれの感覚の重要性を具体的に理解して、制作活動に生かさなければならない。

ものを見たり・音を聴き分けたり・臭いを嗅ぎ分けたり・味を確かめたりする場合は能動的だが、ものが見える・音が聴こえる・臭いがするなどは受動的である。

制作活動に密接に関わる体性感覚は行動的・具体的・積極的・操作的で、極めて能動的な感覚である。体性感覚は制作者が意志を持って触らなければならない感覚で、アクティブタッチとも呼ばれる。体性感覚の認知度は低いが、制作活動に限らず、体性感覚の重要性を認識しなければならない。

ただし、ただ素材を触ったり、道具類を操作したりすればよいのではない。「手ごたえ」という言葉があるように、「手ごたえ」を実感できるまでじっくり取り組まなければならない。土粘土素材や絵筆などの道具類が制作者と一体となってこそ、制作者の心がストレートに表現できる。スタッフが制作を急かしていないか、長いスパーンで見守りながら気長に待つことができているか、じゅうぶんな量の素材を提供しているかなどが問われる。制作者の感覚が躍動するかは、ひとえにスタッフにかかっている。

本章では、感覚の構造にも触れたが、人間における「精神」を理解することがメインである。

「人間は、肉体・心情・精神から成る」こと、「精神には、捨我と執我の両面がある」ことを明らかにした。さらに、「精神における捨我と執我の特質」にも触れた。次章では、「精神における捨我と執我の特質」を、制作活動におけるスタッフの在り方と関連づけて少し詳しく述べる。

第３章　主体的な制作活動になるためのスタッフの在り方

制作者が主体的な活動を通して、豊かな個性を開花できるかはスタッフが一〇〇パーセントその鍵を握っている。

ここでは、主体的な制作活動になるためのスタッフの在り方を、その本質を明らかにしながら具体的な内容を考える。

1　スタッフの捨我と執我の特質を知る

「捨我と執我」はあまり聞き慣れない言葉かもしれないが、本書一三二～一三五頁で基本的なことは述べた。表3は表2（一三四頁）などを基に、(24) 制作活動に関わるスタッフのありよう（自我の動向）を比較したものである。

表3の「現実学的認識」とは、共感的・感動的な認識で、ありのままの心が認識できるとされる。一方、「自然科学的認識」とは概念的な認識で、想定した概念の範囲でしか認識できないとされる。

スタッフが制作に関わるときの自我は、「捨我」と「執我」のどちらかになる。そして、強弱がある。しかも、スタッフ自身の気分が一定しないように、自我の動向も変化する。

スタッフが「執我」のときは、制作者の生命が萎縮するので、個性が発揮されない。制作者の生命が躍動し、豊かな個性が開花するのは「捨我」の状態でなければならないのは明らかである。

しかし、表3の「執我」の欄を見て、自分がこの欄に該当すると思っている人は少ないかも

表3 スタッフにおける自我の動向

捨 我 (スタッフが自我を捨てる)	執 我 (スタッフが自我を主張し、固執する)
スタッフが自分の考えに謙虚	スタッフが自分の考えに自負と確信
指導することにがまん	指導することへの強い義務感と責任感
制作を温かく静観・諦観	制作に対する心配と行動
制作(者)への愛と献身・畏敬	制作(者)を支配
制作に感激	制作を分析
現実学的認識・共感的認識・感動的認識 制作(者)の現実を受け入れ、育む(驚嘆・愛・手本)	自然科学的認識 スタッフの考えに誘導(指示・注意・命令・禁止・補助・介助)
制作者のビオス(生)中心	スタッフのロゴス(論理)中心

しれない。では反対に、「捨我」のような対応をしていると断言できる人も少ないと思っている。それでは、「執我」タイプか、「捨我」タイプかが分からない。

そこで、自分がどちらのタイプにより近いかを考えてみればよい。人間は過大評価する傾向があるので、自分を正しく評価することは難しいが、項目の内容に思い当たることがあれば、意識して改善すればよい。

また、職場の研究会・研修会で、実際どうだったのかを率直に議論できる環境を整えなければならない。それは、誰かを非難したり、糾弾したりするためではない。人間は誰しも、長所もあれば、課題もある。自分自身を客観視するのは限界があるので、他者の意見や実践は参考になる。思い当たらなければ無視すればよい。思い当たれば、率直に受け止めて改善方法を考えればよい。建設的な批判なのに、文句を言われたと思うなら最悪である。制作活動をより活発に展開するためには、スタッフのありようの探究に消極的な職場・個人なら、障がい者に対して失礼であり、職業人として失格である。

最初から、理想的な対応ができる人などいるはずがない。大切なのは、改善するための熱き思いである。情熱のある人は、対応力が確実に向上する。

2　スタッフに求められる姿勢[25]

豊かな個性が開花するためには、安心できるスタッフの存在がなければならない。安心できる存在になるためには、表3の「捨我」の状態でなければならない。では、「捨我」の状態になるためには、具体的にどのような姿勢がスタッフに求められるのだろうか。

なお、次の「解放的な雰囲気をつくる」「制作者に寄り添う」「主体的な制作活動を促進する」「成就感・達成感・充実感・満足感・自己肯定感を体感する」「基本的なこと」は連関する。

(1) 解放的な雰囲気をつくる

障がい者にかかわらず、スタッフが信頼できる人であるか、安心できる人であるかは、一瞬のうちに見抜かれる。いくら優しく振るまっても、身体全体からにじみ出たものでなければ見抜かれる。

解放的な雰囲気をつくるためには、スタッフによる指示・注意・命令・禁止・注意・補助・介助は最大限控えなければならない。スタッフが考えた方向にもっていこうとすると、必然的に指示・注意・命令・禁止・注意・補助・介助が多くなる。指示・注意・命令・禁止・注意・補助・介助が多くなると、制作者は萎縮してしまう。

また、うまくいかないことや失敗することを取り上げると、下手なことや失敗することへの不安や恐怖心を植え付ける恐れがあるので、うまくいかないことや失敗することは許容して見守らなければならない。うまくいかないことや失敗することは、あって当然である。責めてはいけない。スタッフが考えるようにいかなくて当然である。正確さも求めてはならない。上手下手や正確さなどは、スタッフの基準にすぎない。制作者のやり方でよい。

さらに、本人ががんばったり、うまくいったという実感があるときに、共感することも大事である。本人に実感がないときに共感しても、空回りする。また、共感イコール声がけとは限らない。暗黙の了解もあるし、視線に共感の気持ちをのせるだけでよい場合もある。共感は意識してするものでもない。自然に、気持ちが通じ合うときに共感が生まれる。共感の方法は、きっといろいろあるはずである。

解放的な雰囲気とは、安心して制作に没頭できる雰囲気である。緊張を強いられるのではなく、リラックスしながら、集中して取り組むことのできる雰囲気である。人間関係に配慮した制作場所も重要となる。気になる人がそばにいるような配置は避けなければならない。そのために、スタッフが一方的に制作場所や座席を決めるのはよくない。どこの場所で、どの席で制作するかは、制作者本人に委ねても支障がないはずである。そのうち、必ずしっくりくる場所に落ち着く。

筆者も、座席は毎回指定しないで、自由にしていた。大きな作品の場合は、複数の教室や廊下も自由に使わせた。なぜなら、作品が大きいので一つの教室に入りきれないという物理的な事情もあった。三つの教室なら収まったと思うが、廊下も可とした。一人で静かな環境を好む人もいれば、人中を好む人もいるからである。ただし、教室前の廊下で制作しているときに、通路である廊下で制作していることに否定的な同僚もいたが、教室や廊下には解放的な雰囲気があふれていた。スタッフには、解放的な雰囲気をつくる責任がある。

(2) 制作者に寄り添う

まず、スタッフと制作者の世界観・価値観が異なるという前提に立たなければならない。そして、スタッフの制作者（障がい者）に対する先入観・主観・固定観念を払拭しなければならない。スタッフが先入観・主観・固定観念を消し去って、目の前の現実を素直かつありのままに受け入れることによって、制作者に傾聴・共感・感動する道が開かれる。

また、障がい者に教えてあげたり、助けてあげるという考えは、スタッフよりも劣る存在と捉える上から目線にほかならない。ここには、障がい者とスタッフが絶対的な平等者であるという認識もなければ、障がい者をリスペクトするかけらもない。この、上から目線を捨てなければ、寄り添うことは絶対に不可能である。

「寄り添う」とは、ガラス越しに見守ることでも、後追いすることでも、近距離で備えることでもない。寄り添うとは、見守ることでもある。寄り添い、見守るためには、ある程度の距離が必要である。いつも、視野に入る距離にいられたり、じっと見続けられたらたまったものでない。寄り添うための距離の取り方を考えなければならない。

また、スタッフは制作のうまくいかないところや欠点などに目を向けるのではなく、長所や可能性を見いだす姿勢がなければ寄り添うことなどできない。そして、まるで自分のことのように感じる心がなければならない。

(3)　主体的な制作活動を促進する

主体的な制作活動は、スタッフに指示されるままの制作活動からは決して生まれない。また、主体的な制作活動が生まれるための内容であるか、主体的な制作活動が生まれるための環境づくりがきちんとされているかにもかかっている。

自己決定の場面が、多く含まれている制作活動でなければならない。自由な表現ができて、試行錯誤が保証され、発展性があり、創意工夫がじゅうぶん可能な制作活動でなければならない。簡単に終わる制作活動ではなく、興味を持ってじっくり取り組むことができる制作活動でなければならない。そのためには、豊富な材料の用意も必要になる。

さらに、結果よりも、過程を重視しなければならない。制作者の表現は、スタッフの考えた表現とは違ってあたりまえである。せっかくのかけがえのない表現を、スタッフが考えたように、スタッフが気に入るように修正させる（やり直させる）ことも、主体性を損ねる。

成就感・達成感・充実感・満足感・自己肯定感は、主体的な制作活動を通して形成される。スタッフに指示されたことを、指示されたとおりに行う制作活動では手ごたえを感ずることができない。

制作者の表現を受容し、タイミングを逃さずに、過不足のない支援をしなければならない。その際、スタッフの支援は言語による支援に偏重しがちだが、非言語活動である制作活動に言語を絡めすぎてはいけない。

(4) 成就感・達成感・充実感・満足感・自己肯定感を体感する

成就感・達成感・充実感・満足感・自己肯定感は発見や驚きのある制作活動で、自分が持っている能力が発揮できたときや、自分の想像を越えるものが発揮されたときに得られる。手ごたえであり、自分の再発見・新発見でもある。試行錯誤を経て、いろいろなことをやってみて得られることも多い。制作活動は最終的に、成就感・達成感・充実感・満足感・自己肯定感を得られる活動でなければならない。

(5) 基本的なこと

これは、スタッフの姿勢のベースとなるものである。スタッフには、豊かな感受性・表現力・判断力・共感力が求められる。また、全員に同じことを一斉に活動させるのではなく、一人一人に合わせた柔軟かつ臨機応変な対応が求められる。

さらに、長期的な展望や制作活動に関わるあらゆる事柄に対する確固たる根拠も持たなければならない。根拠のない環境づくりや関わりは意味がない。制作活動を通して、根拠の修正を余儀なくされたら改善していけばよい。

そして、スタッフに何よりも求められるのは、スタッフ自身の力量不足の自覚と、力量不足を埋めるための不断の勉強・研究・研修である。忙しさにかまけていると、何も勉強しないいままあっという間に時が過ぎる。確実に勉強を積み重ねていけるかが、鍵を握る。

⑹　作品を安易に褒めない

制作活動そのものに対する意欲づけはしてよいと思うが、作品そのものの評価には慎重でなければならない。

健常者の作家でも、いつも同じような作風の作品を作り続ける人は決して珍しくない。なぜ同じような作風なのか、その核心的な理由は分からない。しかし、その作風に対する評価が高く、しかも売れるようになると、その作風を続けることは想像に難くない。

障がい者の場合も、評価が制作活動に反映されるのは避けなければならない。避けなければならない評価は、プラス評価だけとは限らない。マイナス評価も含まれる。

いずれにしても、はた目を気にすることなく、他人の評価に左右されることなく、個性と向き合っていくようにしなければならない。

今中博之も、[26]「展示されたからといってほめない、売れたからといってほめないと決めている。」「ほめる者はほめられる者よりも優位に立つ」「『ほめない』かわりに『共に喜ぶこと』を選ぶ。だが、その『喜びかた』には注意が必要である。」「評価が彼らにプレッシャーを与えているのも事実だ。」と述べ、「市場での評価は彼にプレッシャーを与えているかもしれないが、彼にはきもちのザワザワを打ち消すタフさがある。」としている。

吉永太市も、[27]「何より金銭的な価値観が寮生の製作過程にフィードバックされるということを一番におそれた。商品価値が、作品の評価をゆがめかねないし、それが寮生の創造活動にいささかでも影響してはいけないと思ったのである。」と述べている。

人間は誰でも、他からの評価が気にならない人はいない。他からの評価がプレッシャーになったり、制作活動に影響を与えないように、スタッフには細心の注意と配慮が求められる。

３　「させる活動」ではなく「する活動」に㉘

教師が授業の活動内容を考え、準備することは当然のことである。しかし、教師には「作品を作らせなければならない」という意識が強いので、授業の冒頭（導入）で作ってほしい作品を示しながら、作り方を説明することが多い。結果的に教師に指示されたとおりに作ることになるので、教師に作らされた作品「させる活動」になりがちである。「させる活動」にならないためには、主体的な制作活動が豊富に含まれる「する活動」の内容を考えるとともに、主体的な制作活動が展開されるための支援と環境を考えなければならない。

表４は表３（一四二頁）とも重なるが、「させる活動」と「する活動」の特徴を対比したものである。主体的な制作活動が活発に展開され、個性が豊かに開花するためには「する活動」でなければならないのは言うまでもない。

学校では教科（図画工作・美術）の時間に制作活動が行われるが、図画工作・美術の時間がない学校すらある。特別支援学校は体力づくり、生活単元学習、作業学習などに多くの時間を割くことが多い。

表4 「させる活動」と「する活動」

制作者主体の「する活動」
スタッフが準備した内容や環境のもとで、制作活動をじっくり見守り、制作者に寄り添い、必要最小限の支援をしながら、制作者の主体性を尊重する制作活動。
・制作者の気持ちが尊重される。 ・制作活動に集中し、夢中になって取り組む。 ・作品の結果や出来栄えよりも、過程が重視される。 ・失敗が許容され、試行錯誤の過程がじゅうぶんに保証される。 ・過程を重視するため、見守りながら、じっくり待つ。 ・結果を重視しないため、制作活動を肯定できる。 ・目に見えない内面に思いを寄せる。 ・制作活動及び作品の長所や可能性を見いだす。 ・制作者が自分で考え、判断して活動する。 ・制作者の能力が最大限に発揮されるとともに、能力以上のものが発揮されることもある。 ・制作者の多様な個性が発揮される。 ・制作活動に、創意工夫や発見や驚きがある。 ・制作者自身が、成就感、達成感、充実感、満足感、自己肯定感を得られる。 ・スタッフは、制作活動を心で感じる。

スタッフ主体の「させる活動」
スタッフの構想を手がかりに、制作者とやりとりしながら制作活動を進めるが、スタッフの考えが優先するため、制作者の表現は修正され、スタッフの指示・注意・命令・禁止・補助・介助によって、スタッフが考える枠にはめられていく制作活動。
・制作者の気持ちが軽んじられる。 ・制作者はスタッフに指示されたことを意識しながら取り組む。 ・スタッフが意図した作品の完成を目指すので、過程よりも作品の結果や出来栄えが重視される。 ・失敗が受容されにくく、失敗しないための手だてが講じられるため、試行錯誤の過程があまり保証されないので制作活動がスムーズに展開する。 ・結果を重視するため、子どもを急かす。 ・結果を急ぐため、指示・注意・命令・禁止・補助・介助などが多くなり、制作に介入・妨害し、制作者を支配する。 ・目に見える現象で判断する。 ・制作活動や作品のうまくいかないところや欠点に目が向く。 ・制作者はあまり考えず、スタッフから指示されたことに、それなりに取り組む。 ・制作者は、指示されたことを自分の能力の範囲内でこなす。 ・制作者の個性があまり発揮されない。 ・制作活動に、創意工夫や発見や驚きが少ない。 ・制作者自身が、成就感、達成感、充実感、満足感、自己肯定感をあまり得られない。 ・スタッフは、制作活動を頭で理解する。

図画工作・美術の時間を設けていない学校は、生活単元学習で行事の絵などを描くことが、図画工作・美術に相当すると考えるのであろうか。また四〇分一コマを週二コマ実施している学校もあれば、二コマ連続の長い時間を週一回実施している学校もある。図画工作・美術でどのような制作活動をするかが重要である。そのためには、一回の時間をいくらにするか、週何回実施するかを再考する必要がある。制作活動は、単に作品を作ることではない。芸術的な活動を通して、人格形成に関わる非認知能力の育成のためにも、作業学習などへの偏重を改め、芸術の時間の充実が望まれる。

一方、土粘土や絵画や刺繍などにじっくり取り組んでいる施設もあるが、日中は作業に多くの時間を割いているために、自由に表現する芸術活動の時間がきちんと確保されていない施設が多い。

二〇二〇年の東京オリンピック・パラリンピックに向けて、国が障がい者の文化芸術活動に積極的に乗り出していることもあって、障がい者の展覧会が活発になってきているが、学校であれ施設であれ、日々の生活の中で主体的な制作活動が豊かに展開されることこそ問われている。主体的で豊かな制作活動を展開するためには、そのための時間が保証されるとともに、「する活動」が条件になる。

日課表は、学校や施設が決める。しかし、人間は障がいの有無にかかわらず、性格や趣味ややりたいことなどもさまざまである。全員が、一斉に同じ制作活動をすること自体に無理がある。一人一人のニーズに合わせて、日課表を弾力的に運用したり、一人一人の選択肢を増やすことも考えていかなければならない。もちろん、障がい者の希望も積極的に聞いて、可能な限り実現していくことも求められる。学校や施設の主役が、障がい者自身であることを忘れてはならない。主役である障がい者のための学校や施設であるか、主役である障がい者の意向に添った学校・施設の運営がなされているかが問われている。

障がい者の展覧会や制作活動を通して問われているのは、障がい者一人一人のニーズに合わせた自己実現が追求されているか、障がい者が真に充実した生活を日々送ることができているかである。

主体的な制作活動が豊かに展開されるためには、ただ自由に制作活動をさせればよいのではない。主体的な制作活動が豊かに展開されるための内容を考えるとともに、そのための環境を徹底的に考えなければならない。

(1)「させる」活動とは

スタッフには、「教える・指導する」意識が住みついている。相手が子どもや障がい者であれば、なおさらである。制作者はスタッフの説明や指示をなぞって、作品を完成させる。ここには、制作者が工夫したり、試行錯誤したりする余地が少ないので、成就感・達成感・充実感・満足感・自己肯定感を得る制作活動にはなりにくい。

スタッフは自分の考えが正しいと考えるとともに、作品の完成や出来栄えを重視する。そして、スタッフの考えどおりにいかないと、どうしても指示・注意・命令・禁止・補助・介助などが多くなる。言葉による指示・注意・命令・禁止などが理解できなければ、言葉以外の方法も使われることになる。指示・注意・命令・禁止などが理解できる制作者ほど、スタッフに従うことになる。スタッフが障がい者の制作活動に介入・妨害することになるので、制作者の主体性は大きく損なわれる。スタッフが納得するように障がい者を誘導するので、障がい者を借りた、スタッフの制作活動となる。

スタッフが、「教える・指導する」から決別しなければならない。もちろん、スタッフによる説明や指示などが必要になることもある。

⑵「する活動」とは

「する活動」は、制作者主体の制作活動が保証され、発見・驚き・試行錯誤・工夫があって制作に夢中になれる制作活動である。失敗も許容される。作品の結果や出来栄えよりも、過程が重視される。スタッフは制作活動を見守りながら、制作者に寄り添い、必要最小限の支援をする。

表4（一五二～一五三頁）の「制作者主体の『する活動』」の内容に同意する人はいても、異議を唱える人はいないと思われる。しかし、障がい者の制作活動が「制作者主体の『する活動』」の内容に添って豊かに展開されているかは別問題である。

「制作者主体の『する活動』」が日々展開されていれば、障がい者の個性が開花した作品があふれ出なければならない。しかし、学校や施設で展示されている作品は、一部を除いて、必ずしもそうと言える状況ではない。

美術館やデパートなどで展示されている作品を見ると、確かに、個性が開花した作品も展示されている。しかし、複数の学校や施設が出品しているのに、開花した作品の少なさに驚かされることもある。学校や施設の単独展でも、ギャラリーくらいのスペースなら個性が開花した作品でじゅうぶん埋まるのに、必ずしもそうと言える状況ではない。

作品は結果にすぎないが、制作活動の質、つまり、スタッフの力量を反映しているのも真である。「制作者主体の『する活動』」になっているかが、あらためてスタッフに突きつけられている。

第4章　「主体性が発揮されない」題材と「主体性が発揮される」題材

1　主体性が発揮されない題材例

保育園・幼稚園・小学校・中学校・特別支援学校・施設などの展覧会、園や学校の廊下や教室などに飾られている作品の多くは、主体性があまり発揮されないために類似作品が多く、個性が開花した心に響く作品にお目にかかることは少ない。それは、スタッフによって示された手順に従って「作らされた作品」が多いからである。制作者が自分で工夫したり、試行錯誤しながら制作することが限られているために、おのずと似たような作品になる。

そもそも、全員に同じテーマで、同じ材料で、決められた時間に作品の完成を求めること自体に無理がある。

(1)　難しい共同制作

安易な共同制作が横行していることに、危惧を覚える。共同制作は、大画面になるので、一見、迫力のある見栄えのする作品になる。

障がい者の共同制作は、スタッフがお膳立てし、制作者はスタッフの指示に従って、部分的に参加することが多い。大きな絵の一部を描いただけでは、共同制作にはならない。また、後から一人一人の作品をつなげて大きくしたり、長くしたりするのも共同制作にはならない。

真の共同制作は、構想から完成に至るまで制作者が皆で相談し、制作者の個性が響き合うものでなければならない。物語を何度も読んでから、絵にしたい場面を話し合って分担を決めて、紙芝居を作ったすぐれた実践がある。これこそ、共同制作に値する。

健常者のスタッフが構想し、障がい者が指示された制作活動をするだけでは、共同制作とは言えない。抽象的な模様になる題材の作品をつなげると迫力ある作品にはなるが、これは健常者であるスタッフの都合であり、障がい者の作品を借りたスタッフの作品になる。

ゲルニカや渋谷駅にある岡本太郎の壁画は、大きな作品ではあるが共同制作ではない。このように、作家は大きな作品を作ることはあるが、共同で作ることはあまりない。共同制作で問われるのは、制作者の個性が豊かに開花しているかどうかである。迫力や見栄えに惑わされてはならない。

①　こいのぼり

スタッフが制作者にウロコの形の紙を渡して、模様を描かせているのを見たことがある。スタッフが制作者に指示して、模様の描かれたウロコの紙を指定の場所に貼らせていた。結果的に、いろいろな模様のウロコが貼られた大きな「こいのぼり」の絵が完成した。スタッフが構想した大きなこいのぼりの絵のウロコの作成に、制作者が利用されただけである。

スタッフは予想どおりの作品に仕上がって満足かもしれないが、制作者の個性とはほど遠い作品であった。

(2)　トンボ

展覧会で、ドングリを使ったトンボが大きな紙にいくつも貼られていたのを見たことがある。驚いたのは、どの作品もドングリが羽根や胴体に同じように使われていたのである。スタッフがお手本として示したものを、皆がそっくりまねしたのである。このように、スタッフが見本を示し、作り方を示し、制作者が指示されたとおりに作らせるのは珍しくないと思われる。制作者にとってスタッフは自分よりも優れた人間であり、スタッフの言うことは正しいと思いがちであることを自覚しなければならない。

なぜ、制作者一人一人のトンボに対する思いを引き出しながら、その思いを自由に表現できる方法をスタッフが考えなかったのだろうか。

(3) モダンテクニック

なぜか、「モダンテクニック」がおおはやりである。造形に興味のない人は、「モダンテクニック」を直訳すると「近代技術」になるので、「近代技術って何のこと？」と理解に苦しむだろう。「モダンテクニック」は、二〇世紀になってから第二次世界大戦前までに生まれたモダンアートの作家が使った表現技法（テクニック）を意味し、偶然できる色や形を生み出す技法の総称である。

技法には、「墨流し（マーブリング）」「デカルコマニー（合わせ絵）」「スクラッチ（引っかき絵）」「スパッタリング（飛び散らし）」「バチック（はじき絵）」「ドリッピング（流し絵・吹き絵)」「フロッタージュ(こすりだし)」「スタンピング(型押し)」「糸引き絵」「ビー玉転がし」「ローラー遊び」などがある。

教科書にも載っている。教員採用試験に出題されることも多いので、授業で取り上げる大学も多い。造形教育関係の図書に載っていることも多い。最近の特別支援教育の専門雑誌にも、連載されるくらいである。

よって、スタッフ(教師)の認知度も高いので、学校の授業で取り上げられることが多い。その証拠に、公開研などで学校を訪れると、廊下や教室に「モダンテクニック」の作品が展示されていることが少なくない。しかし、作者の個性が豊かに伝わってくるモダンテクニックの作品にはあまりお目にかかったことがない。

学校の授業で「モダンテクニック」を取り上げる場合は、スタッフが取り上げる技法を決める。そして、その技法の作品を見せてやり方を説明したり、お手本を示したりしてから、一人一人に体験させることになる。制作者が自分の表現を試行錯誤した結果として、モダンテクニックの技法が使われるのではなく、技法を体験することが目的になる。未体験者にとって、偶然できる色や形は珍しく、おもしろいかもしれない。しかし、それだけの、一瞬の世界である。制作者の主体的な表現にはほど遠い。スタッフなりに工夫しているとの反論があるかもしれないが、本質的には技法の体験にすぎない。

では、なぜ「モダンテクニック」がはやっているのだろうか。その理由には、次のことが考えられる。

・制作活動で、何が重要なのかが理解できていない。

・教科書や専門書に載っていたり、授業で習ったりしているので、題材としてふさわしいと思い込んでいる。

・制作者がいかに主体的な表現ができるかというよりも、作品づくりが目的になっている。

・やり方が難しくないうえに、教材研究も特に必要がないので、スタッフにとっては好都合な題材である。

2　主体性が発揮される題材例

(1)　粘　土

ここでは、「主体性が発揮される題材例」として「粘土」を取り上げるが、取り上げ方によっては「主体性が発揮されない題材」にもなりうる。さらに、主体性が発揮される題材と思っていても、スタッフの対応によっては主体性が発揮されないこともありうる。よって、同じ題材でも主体性が発揮されるか否かは、スタッフによることを肝に命ずる必要がある。

① 主体性が発揮されない場合

ア　粘土の種類が適切でない

粘土の最大の特徴に、「可塑性」がある。しかし、粘土の種類によって、可塑性はさまざまである。制作に最も優れた可塑性を持つ粘土を選ばなければならない。最も優れた可塑性を持つ粘土は、「土粘土」である。「油粘土」や「紙粘土」では、主体性が発揮されない。

・油粘土

油粘土は収縮しないが、働きかけに対して素直に反応しにくい。油っぽく、弾力があり、硬く、くっつきにくいなどの特徴がある。この特徴は、制作者にとって大きな欠点になる。スタッフにとっては、「プラスチック製などのケースに入れておけば、いつでも取り出して使える」「机が汚れない」「焼成しなくて済む」ので、大変都合のよい粘土である。

・紙粘土

紙粘土は、ガラスビンを紙粘土で覆っても割れないので花瓶などを作る場合は便利である。

乾燥後に着色することも容易である。しかし、べとついたり、成分の一つである繊維が絡まるので切ったり、ひっかいたりしにくいなどの働きかけに対して素直に反応しない特徴がある。この特徴は、制作者にとって大きな欠点になる。しかし、スタッフにとっては焼成しなくて済むので、大変都合のよい粘土である。

・土粘土

土粘土は手や活動場所が汚れたり、収縮が大きかったり、そのまま保存できないなどの欠点がある。しかし、土粘土にはほどよい重量感もあり、しかも、べとついたりしないので手になじみやすい。土粘土には生命にとって最も大事な「水」が含まれているので、「水」が作者の生命に響くことを忘れてはならない。また、水加減で硬さの調整も容易である。

土粘土は働きかけに対して素直に反応し、制作者の意のままに変化してくれる最良の粘土である。他の粘土に比べると、値段も安い。

イ　粘土に触る時間が少ない

せっかく「土粘土」を取り上げても、一～二回程度の授業で、しかも作品づくりを強要しては、制作者が主体性を発揮できない。土粘土の性質を体感するためには、多くの時間、土粘土に触れなければならない。

スポーツでも、いきなり自分の思うままにはいかない。ゴルフでも、クラブを持ってボールを打つときは、握り方・角度・力加減などを何度も練習して、徐々に体得していくものである。ボールを、いきなり自由にコントロールすることはできない。

限られた量の土粘土を渡して作品づくりを強要するのは、練習やウォーミングアップなしに、いきなり試合に出場させられるようなものである。

大量の土粘土を用意して、たっぷり時間を確保すると、毎回「活動場所・道具・服が汚れる」「準備や片づけが大変である」「作品の保管や焼成が大変である」「土粘土を購入する予算の確保が大変である」となる。絵画などに比べると土粘土は多くの労力を伴うので、スタッフにとっては大変やっかいな粘土である。

制作者の都合を考えると、土粘土は大変優れた素材であるのに、現場であまり取り上げられないのはスタッフの都合にすぎない。土粘土を積極的に取り上げないスタッフは、たてまえでは土粘土のよさを認めても、本音の「めんどうくさい」が透けて見える。

よって、「土粘土」を取り上げても形ばかりになるので、制作者の主体性は発揮されない。

ウ　スタッフが指示して作らせる

土粘土にじっくり取り組んでも、制作者の主体性が発揮されない場合がある。スタッフによって介入・妨害される場合である。

造形活動を展開する場合、スタッフはテーマを示すことが多い。スタッフの指示が理解できる制作者ほど、スタッフの指示に従うので、主体性が発揮されにくくなる。一方、スタッフの指示が理解できない制作者は、スタッフの指示に関係なく勝手に取り組むので、主体性が発揮される。

制作者によってはテーマを示すことがあってもよいかもしれないが、授業の冒頭に参考作品を見せながら、このような「顔」を作りましょうなどとやりがちである。そうすると、制作者の大半は「顔」を作ることになる。同じ「顔」でも制作者によって異なる「顔」の作品が完成するので、スタッフは、個性が開花した作品が生まれたと勘違いする。筆者も「おもしろい顔」づくりを提案したことがある。その時は、完成した作品はそれなりによい作品と思い込んでいた。しかし、その後に、テーマを指示しないで自由に取り組ませたら、予想を越える作品がどんどん生まれたのである。「おもしろい顔」の提案・指示によって、個性の開花を妨害していたのを思い知らされた。

これが「経験知」である。テーマを指示して作らせていた頃は、制作者の表現に介入・妨害していたとは思ってもいなかった。個性が開花した取り組みになっていないときは、制作者に介入・妨害していたことを自覚できないので、何の疑いもなくテーマを示していたのである。

ここに、経験の怖さがある。自分の力量が乏しいときは乏しさを実感することができないので、自分の力量を過大評価する傾向がある。一方、能力のある人ほど、自分には能力がないことを理解している。自分の能力は全然不足であり、未完の人間であり、ものごとの本質は想像を越える深さがあることを実感しているからである。力量が高まれば、力量が乏しかった頃のことを客観的に把握できるようになる。そして、さらなる上のレベルがあることを想像できるようになる。自分の力量の高まりに比例して、伸びしろに対する自分自身の期待感が、学びに拍車をかける。伸びしろがあることを考えられるのは、自分の能力不足を自覚できている証拠である。

②　主体性が発揮される場合

ア　制作活動に介入・妨害しない

土粘土に初めて触ると、ずっとその感触に浸ることも少なくない。スタッフが、作品づくりを急かしてはいけない。また、土粘土は操作すると形が自由に変わるので、偶然できた形からイメージを誘発する場合もある。スタッフが作ってほしいテーマを示して誘導すると、制作者のせっかくのイメージを無視することになる。

道具で切ったり、穴を開けたりすることに興味を示すこともある。小さな粘土を好む場合もあれば、大量の粘土を使いたい場合もある。短時間で次々と作品を作る人もいれば、一つの作品が完成するまでに時間を要する人もいる。このように、土粘土との関わり方は実にさまざまである。

スタッフが作り方を説明して、全員に同じテーマを示すのは何の意味もない。何はともあれ、眼前の土粘土を触ってみたい気持ちに委ねなければならない。そして、最小限の支援をすればよい。可塑性に優れる土粘土の場合は、自由に制作させなければならない。

吉永太市も、(7) 障がい者が自発的かつ自由な活動を通して、心を喜びで満たすためには障がい者の手に自由を取り戻さなければならないとしている。そして、指導者への従属があるかぎり個性が埋没し、自由な表現は期待できないので、障がい者を信じて受容するとともに、指導・指示による介入・妨害に対して警鐘を鳴らしている。

制作中にスタッフが手を出したり、干渉するのは「直接の介入・妨害」である。また、全員に同じ材料を与えて、同じテーマの作品を作らせるのも「間接的な介入・妨害」に当たる。直接的であれ、間接的であれ、「介入・妨害」に変わりがない。このようなスタッフに「介入・妨害」の自覚がないことが、さらなる悲劇である。

イ　作品づくりを急かさない

土粘土を目の前にすると、触りたい衝動に駆り立てられるのがふつうである。また、土粘土の性質を体得するには、相応の準備期間が必要である。無論、制作者の中には、いきなり作品を作り始める人もいる。

土粘土との関わり方は人それぞれなので、作品づくりを急かしたり、強要してはいけない。

ウ　制作活動の環境を整える

制作者の個性が豊かに開花している現場に共通するのは、信頼できるスタッフのもとで、自由に制作していることである。同時に、制作者が自由に制作できる環境づくりを徹底的に追求していることである。制作者から見れば限りなく自由だが、スタッフから見れば用意周到かつ緻密な準備をしているのである。

ただ、材料を与えているのではない。材料の与え方などにも工夫している。個性が開花するための必然性があるのである。では、どのような必然性があるのだろうか。

(ア)　土粘土を大量に準備し、適度の軟らかさに調整する

作品づくりに興味がある人のためには、耳たぶ程度の軟らかさの土粘土を準備しなければならない。作品づくりよりも、泥遊びに興味がある場合は、どろどろの軟らかい土粘土を用意

したり、水を用意したりしてどろんこ遊びを楽しむ。また、土粘土に直接触るのを嫌がる場合もあるので、乾燥した粉々の粘土を用意したり、布の上から触れるようにするための「被せる布」や「道具類」なども準備する。

また、土粘土のよさが発揮されるためには、多くの回数が必要である。筆者は、年四〇回の授業の内、一五回実施したことがある。さらに、土粘土に興味がある人のためにクラブを新設して、毎週実施したことがある。そのために、大量の土粘土を準備しなければならなかった。決して多くない予算の中で、大量の土粘土を準備するのは簡単ではない。地元の陶芸業者から分けてもらったり、滋賀県の土粘土専門業者から直接購入したこともあった。作品が大型化すると、土粘土が足りるか毎回ハラハラしていた。また、ミニチュアのような作品づくりに興味を示す場合もある。このように、必要とする土粘土の量には個人差があるので、一律に同じ量を与えるのは無意味である。

スタッフが苦労して大量の土粘土を準備するのは、スタッフの都合にすぎない。スタッフが努力して、何とかすればよいだけである。大量の土粘土を準備し、毎年積み重ねた結果、想像を越える表現がたくさん生まれたのは事実である。

（イ）　土粘土を操作しやすい場所を考える

手で土粘土を操作することが多いが、障がいの部位によっては足で操作することもある。全身に土粘土を塗ることさえある。

椅子に座って、机上で操作する場合は、制作者が土粘土を操作しやすい高さの安定した机と椅子でなければならない。「安定した机」は、おのずと広い机である。小さな机や動きやすい机では、制作活動が制約される。また、せっかく大きな安定した机を用意しても、スタッフには「粘土を操作する場合は粘土板の上で」という先入観があるので、根拠もなく、小さな粘土板の上で活動させがちである。「粘土板」は動きやすいので、向いていない。さらに、サイズが小さいので、粘土板に収まる大きさの作品にしなければならないという意識が働く。

安定した机は、木工用などの重くて動きにくく、天板が厚い板でできているものがベストである。個人用の小さな机しかない場合は、個人用の机を四つくらい並べた上に三六判（一八二〇ミリ×九一〇ミリ）のシナベニヤを置いて、布製ガムテープで固定すればよい。

机以外の場所は、床が考えられる。床では、ブルーシートを敷いて活動させることが多い。ブルーシートを敷くと、ブルーシートの下の床材を水や汚れから守ってはくれるが、水がブルーシートの表面にたまると滑りやすいし、ブルーシートのシワが活動のじゃまになる。ブルーシートを敷いた上にシナベニヤを敷き詰めると、ブルーシートの欠点が克服できる。ラワンベニヤだと、素足になったときに木片が危険である。その点、シナベニヤの表面は滑らかである。三六判若しくは四八判(二四〇〇ミリ×一二〇〇ミリ)のシナベニヤを三枚くらい布製ガムテープで貼り合わせると、使う時に広げられるので便利である。使わないときは、折りたたんで保管すれば場所もとらない。

また、既製品の樹脂製プレート(八六〇ミリ×八六〇ミリ)を床に置いて、その上で活動してもよい。

(ウ) 効果的な道具類を準備する

スタッフの先入観の一つに、「土粘土の道具=粘土ベラ」がある。粘土ベラは、指で操作できないときに使うが、障がい者はそのような使い方をしないことが多い。また、握りやすい丸棒で土粘土をたたいたり、粘土ベラ・鉛筆状の細い丸棒・竹串などで突っついたり、糸で切ったり、櫛による細かな凹凸模様を楽しんだり、電気製品などのつまみなどを押しつけたり、土粘土をろくろに載せて回してみたりする。また、自分で使いたい道具類を探して使うこともある。

いずれにしても、道具類はスタッフが想定する使い方をしないことが多い。興味のありそうな道具類は置いておきたい。この場合、スタッフが率先してやってみせるのはよくない。道具類を使うか、どのように使うかは制作者に任せるべきである。

また、手で土粘土をなでたり、たたいたり、押したり、穴を開けたり、つかんだり、こねたり、曲げたり、にぎったり、のばしたり、積んだり、つまんだり、くるんだりなどをすることを考えると、手こそ最大の道具であることを忘れてはならない。

③　作品の個性が生かされる焼成法を考える

制作者にとっては、土粘土と関わっていることが全てである。完成した作品には、執着しないことが多い。作った作品を壊して土粘土を再利用してもよいが、せっかくの作品なので、作品のよさが生かされる焼成法を考えたい。

焼成は、健常者であるスタッフによって行われることが多い。しかし、作者によっては焼成の希望を聞いたり、いっしょに焼成することがあってもよい。

作品には個性があるので、全部の作品が同一の焼成法でよいとは限らない。そこで個々の作品が生かされる焼成法を研究しながら、焼成するしかない。そのためには、多様な焼成法を学ばなければならない。

土粘土作品は、焼成しないとカビが生えて黒ずんでしまう。そこで、何らかの方法で焼成したい。

スタッフに、「焼き物＝施釉」の先入観があるのは紛れもない事実である。根拠もなく、全ての作品に釉薬を掛けて焼成している例もある。しかし、透明釉であれ、釉はガラス質で作品を覆うことになるので、丈夫にはなるがせっかくの作品の表情を覆い隠してしまう欠点がある。器の場合は水漏れを防ぐために施釉が望ましいが、自由な制作活動で器を作ることはまれである。花瓶やコップなどの展示が散見されるが、スタッフが指示して作らせたとしか思えない。

焼成窯がないことを、焼成しない理由にしてはならない。焼成窯がなくても、焼成する方法はある。焼成窯を自作することも可能である。では、どのような焼成法が望ましいのだろうか。

ア　焼成窯がある場合

(ア)　薪窯（登り窯・穴窯）

薪を燃料とする窯で、火と熱の両方のある窯である。釉薬を掛けた焼成と、釉薬を掛けない焼成（焼成温度の高い焼き締め・焼成温度の低いいぶし焼成）の両方が可能である。釉薬を掛けると作品の表情を覆い隠してしまうので、釉薬を掛けない焼成をしたい。釉薬を掛けない焼成が現状ではベストと考えている。「焼成温度の高い焼き締め」の特徴には、「作品の表情を覆い隠さない」「窯変による自然な味わいがある」「丈夫である」などがある。一方、「焼成温度の低いいぶし焼成」の特徴には、「作品の表情を覆い隠さない」「優しい黒の味わいがある」などがある。

薪窯を所有している学校や施設は珍しいが、ないわけではない。筆者は、根拠もなく施釉して焼成していたが、施釉は望ましくないと判断してから簡易穴窯を手づくりした経験がある。

(イ)　電気窯・灯油窯・ガス窯

このタイプの窯は、大半の特別支援学校に設置されている。施釉した焼成や素焼きには適している。灯油窯やガス窯は、黒瓦のようないぶし焼成が可能なものもある。器を作った場合は、作者に釉薬を選ばせてから施釉させて焼成したい。器以外の大半の作品には施釉が適さないので、素焼き窯として活用したい。なぜなら、健常者は完成後の破損を防ぐために薄く作るが、障がい者は薄く作ることには意識が向かない。それでかまわない。結果的に、空洞のない、塊の作品になることが多い。塊の作品は、乾燥にも時間をかけなければならない。焼成もゆっくり時間をかけないと割れる。ゆっくり焼成しても、塊の中に空気が入っていると爆発して割れる。

時間をかけてゆっくり焼成（素焼き）するためには、これらの窯は適している。ただし、このタイプの窯で素焼きすると、植木鉢のような均一で冷たい作品になるので、素焼きの後に薪窯若しくは野焼きで本焼成する。

イ 焼成窯がない場合（野焼き）

野焼きである。野焼きにはいろいろな方法がある。東南アジアでは、薄い甕《かめ》を枯れ草のみで焼成しているところもある。木材を利用する場合は、木材を燃やしながら余熱を加えてから本焼きしないと、急激な温度上昇で割れやすくなる。

そこで、一番簡単な方法は、作品を多めのもみ殻で覆ってから、もみ殻の上に枝などの木材を少し置いて燃やす方法である。木材の火が種火となって、もみ殻がゆっくり燃焼する。ゆっくり燃焼するので、急激な温度上昇も起こらない。もみ殻が燃焼中に風で飛ばされないことだけ気をつければ、一晩くらいで焼成可能である。作品を取り出せる温度まで下がるには、二〜三日かかる。もみ殻は燃焼時に空気があまり入らないため、大半が還元焼成になり、黒っぽい作品になる。空気が入ってもみ殻がよく燃えた場所の作品は、少し茶みを帯びた作品になる。作品を置く場所によって微妙に色ぐあいは異なるが、素朴で温かみのある作品になる。テラコッタのような明るい茶色系にしたい場合は、もみ殻焼成した直後のまだ熱いうちに木材や木の枝をのせて燃やすとよい。

大きな塊の作品は素焼きしてからもみ殻焼成すると破損は少ないが、素焼きする窯がない場合は、もみ殻のみで直接焼成してもかまわない。もみ殻は、小さい作品なら、一斗缶や七輪などでも焼成できる。横に置くことができない高さのある作品は、作品を波トタンで囲ってからもみ殻を流し込んで焼成することもできる。

もみ殻は、全国どこでも簡単に入手することができる。作者自身の手で、作品をもみ殻の上に置いたり、焼成中の様子を見たり、焼成後に作者自身の手で作品を取り出すこともできる。

もみ殻焼成は簡単にできるのに、あまり普及していない。それは、土粘土があまり積極的に取り上げられていない証《あかし》でもある。土粘土を積極的に取り上げると作品がどんどん生まれるので、何らかの方法で大量に焼成しなければならない。土粘土を積極的に取り上げていれば、もみ殻焼成にもたどり着くはずである。

(2)　その他の題材

筆者は一年中「土粘土」をやってもよいと思うくらい、「土粘土」は大きな魅力のある「極めつけの素材」である。そうは言っても、全国の学校や施設の実践を見ると、絵画・染色・縫い物などに個性が開花した作品も多い。具体的な題材は省略するが、これらの実践から個性が開花した根拠を学ばなければならない。

アトリエインカーブから学ばなければならないのは、制作活動に対する考え方である。代表の今中博之は、(29)見学に来た養護学校の先生と顔を合わせた瞬間に表情が一変した様子を「それまでは笑顔があふれ、制作に没頭していたのだが、『先生』の姿を見るや否や、緊張した表情になり、制作する手が止まってしまった。また、あるアーティストは『先生』の目を異常に見つめていた。笑顔は消え、『先生』からの指示をじっと待っていた。」と報告している。このことから、「『先生』の指導管理がいかに行き届いていたかがわかった。」としている。さらに、一人のスタッフが色分割を使った描き方を教えた結果、その後に色分割を施した場面を執拗に描くようになった事例を報告している。

「美術的な教育を一切行わない。絵の具の溶き方も、筆の使い方も、紙の選択も指示しない。手の届く所に絵の具や筆、紙を置いておくだけである。何を選択し、どのように組み合わせるかはすべてアーティストに任せている。選択することが困難なアーティストにはスタッフが手を貸す場合もあるが、『描くもの』には、絶対に手も口もださない。」と、「先生」と「教えること」と「指導」を否定し、描きたくなる環境を作ることに徹することの重要性を指摘している。さらに、スタッフが結果を求めてすぐに手を出さないために、「二歩も三歩も下がって、がんばって待つ」間合いのとり方の重要性を「アーティストが描きたくなる環境は彼らとの距離のとり方で決まるように思う。」と述べている。その点、ほとんどの学校は、間合い（距離）が近すぎるのではないだろうか。学校教育には、再考が求められる。

人間は生きる術《すべ》として、力のある人に従う習性がある。先生が指導管理すれば、障がい者は簡単に染まる。指示待ち人間に育ててしまった養護学校の先生の事例からは、指示待ちの人格を形成した要因となった先生の存在を指摘しないわけにはいかない。

障がい者には授業を選択する権利が与えられていないので、がまんして授業を受けざるをえない。授業を受けているときの障がい者本人の気持ちを想像すると、心が痛む。悲しくなる。申し訳ない気持ちでいっぱいになる。憤りさえを覚える。人格形成における学校（教師）の影響と責任の大きさを痛感させられる。

色分割の事例からも、スタッフが与える影響と責任の大きさを実感させられる。しかも、両事例ともよかれと思ってやっていると思うので、当事者に悪影響を及ぼしている自覚はないと思われる。

題材によっては、やり方を説明しなければならない場合もある。ただし、スタッフが考えた作品を作らせるために、全員に同じ材料を与えて、同じやり方で作らせるのは論外である。

制作者の主体性が最大限発揮される題材を考えることが、最も重要である。そして、その題材で主体性を最大限に発揮できる場面をあらかじめ想定しておかなければならない。そのような場面が設定できない題材は、取り上げるべきではない。

学習指導案には、題材設定理由が長々と書かれていることが多い。しかも、大半は、スタッフ（教師）側の視点で書かれていることが多い。制作者の視点を主としたものに変えなければならない。

また、具体的な題材は担当スタッフ（教師）に任せられることが多い。よって、制作者の主体性が発揮される題材にもなれば、ならない題材にもなりうる。担当スタッフ（教師）の力量の差が生じないためには、制作者の主体性が発揮されるための題材の具体的な条件を明らかにして、その条件をクリアした題材のみを取り上げていかなければならない。

主体性を最大限に発揮できる場面がたっぷりある題材のもとで、主体性を最大限に発揮できる環境が作られれば、制作者はスタッフの意図を越えて豊かな個性を発揮できる。

題材は、「作品」を指すのではなく、「主体性を発揮して個性を豊かに発揮できる内容」を指す言葉として使われるべきである。

注

（1）服部　正（二〇一八年）：「障がい者アートとしての和製アール・ブリュット」、『民族藝術』VOL・三四、一〇一～一〇七頁、民族藝術学会。

（2）東野芳明（一九六八年）：「芸術家の《夢と遊び》・7　デュビュッフェの『アール・ブリュット』館」、『芸術新潮』一九六八年七月号、六五～六七頁、新潮社。

（3）塩田純一／長谷川祐子／遠藤　望編（一九九三年）：『パラレル・ヴィジョン―二〇世紀美術とアウトサイダー・アート　日本のアウトサイダー・アート』、あいさつ、世田谷美術館。

（4）世田谷美術館編（一九八六年）：『芸術と素朴』、ごあいさつ、世田谷美術館。

（5）世田谷美術館編（一九八六年）：『芸術と素朴』、世田谷美術館。

（6）吉永太市編書（二〇一五年）：『遊《ゆ》戯《げ》焼《やき》　生の象形　一麦寮生の足跡から』、田村一二記念館。

（7）吉永太市編（一九九九年）：『土と色　ちえおくれの世界●18年の軌跡』、京都新聞社会福祉事業団。

（8）アウトプット展実行委員会編（二〇一八年）：『どう見える？　生きる跡 アート　青森県特別支援学校発　造形作品展の記録』、九六頁他、弘前大学出版会。

（9）滋賀県精神薄弱者愛護協会編（一九九五年）：『土をうたう』、七八頁、滋賀県精神薄弱者愛護協会。

（10）保坂健二朗：「作品の選び方『この世界とのつながりかた』のキュレーションを通して」、『平成二一年度障害者保健福祉推進事業　障害者自立支援調査研究プロジェクト報告書「障害者アートの価値向上に伴う、作家の権利擁護の在り方に関する研究事業報告書」』、四二〜五四頁、特定非営利活動法人 はれたりくもったり。
(11) 椹木野衣（二〇一八年）：『感性は感動しない — 美術の見方、批評の作法』、二二頁、現代思想社（教養みらい選書）。
(12) 大島清次（一九九六年）：「再考『芸術と素朴』」、『開館一〇周年記念特別展 コレクション一〇年の歩み 芸術と素朴』、一一〜一四頁、世田谷美術館。
(13) 大島清次、前掲書。
(14) 佐伯 胖（二〇一二年）：「子どもが『アートする』とは — レッジョ・エミリアの幼児教育から学ぶ」、『教育美術』平成二四年九月号 第七三巻第九号（第八四三）、教育美術振興会。
(15) アウトプット展実行委員会編（二〇一八年）前掲書、二二頁。
(16) 成田 孝（一九九二年）：「『情操』概念に関する一考察」、『大学美術教育学会誌』第二四号、一一〜一九頁、大学美術教育学会。
(17) 経済協力開発機構（OECD）編著（二〇一八年）：『社会情動的スキル — 学びに向かう力』、五二頁、明石書店。
(18) OECD（二〇一七年）：『家庭、学校、地域社会における社会情動的スキルの育成』、ベネッセ教育総合研究所。
(19) 経済協力開発機構（OECD）編著（二〇一八年）：前掲書、五三頁、明石書店。
(20) 成田 孝（二〇一七年）：『心おどる造形活動 — 幼稚園・保育園の保育者に求められるもの —』、一五九〜一六一頁、大学教育出版。

(21) 赤田豊治（二〇〇六年）：『人間学と精神病理学―赤田豊治精神病理学論集―』、一五八頁、うぶすな書院。
(22) 赤田豊治（二〇〇六年）：前掲書、三一九頁。
(23) 成田　孝（二〇一七年）：『心おどる造形活動―幼稚園・保育園の保育者に求められるもの―』、一〇四～一一〇頁、大学教育出版。
(24) 本書の表2（一三四頁）の他に、「赤田豊治、前掲書、一五八～一六〇頁」「成田　孝、前掲書、「『情操』概念に関する一考察」、一六頁」「成田　孝・廣瀬信雄・湯浅恭正（二〇一五年）：『教師と子どもの共同による学びの創造―特別支援教育の授業づくりと主体性―』、二一～三一頁、大学教育出版」を参考に作成した。
(25) 成田　孝（二〇一七年）：前掲書、一七〇～一七六頁。
(26) 今中博之（二〇一八年）：『社会を希望で満たす働きかた　ソーシャルデザインという仕事』、四八～五一頁、朝日新聞出版。
(27) 吉永太市編書（二〇一五年）：前掲書、当該頁に頁表示なし。
(28) 成田　孝（二〇一七年）：前掲書、一一六～一一八頁。
(29) 今中博之（二〇〇九年）：『観点変更―なぜ、アトリエインカーブは生まれたか』、一二〇～一二二頁、創元社。今中博之（二〇一八年）：前掲書、一二二～一二四頁。
次に、「障がい者アート」の美術館を紹介する。社会福祉法人が運営しているものとしては、本書でも言及した「ボーダレス・アート・ミュージアムNO―MA（滋賀県近江八幡市）」「ギャラリーインカーブ京都（京都市中京区）」「みずのき美術館（京都市亀岡市）」「Sギャラリー・omniギャラリー（鹿児島市）」「ねむの木学園美術館どんぐり（静岡県掛川市）」「ねむの木学園美術館緑の中（静岡県掛川市）」の他に、「るんびにい美術館（岩手県花巻市）」「はじまりの美術館（福島県猪苗代町）」「鞆の津ミュージアム（広島県福山市）」などがある。また、NPO法人が運営しているものに、「もうひとつの美術館（栃木県那珂川町）」「藁工ミュージアム（高知市）」がある。「ねむの木学園美術館どんぐり」「ねむの木学園美術館緑の中」「ボーダレス・アート・ミュージアムNO－MA」「もうひとつの美術館」以外は、いずれもこの一〇年以内くらいの開館なので新しい。

また、視覚障害者が彫刻に触って鑑賞できる「ギャラリーTOM（渋谷）」がある。一九八四年に開設された「ギャラリーTOM」は、毎年八月に、全国盲学校生徒作品展「ぼくたちのつくったもの」を主催している。

参考文献

以下は参考文献であるが、障がい者の展覧会・制作活動の在り方を研究するために手に取ってほしい文献でもある。限られた蔵書から選んであるので、重要な文献なのにもれているものも少なからずあると思われる。

1　学校・施設のスタッフ（実践者）関連

学校や施設などの現場で、日々取り組んできたスタッフから学ぶことは多い。ここでは、雑誌や新聞などに掲載されたもの、研究会・公開研・学会・シンポジウムなどで発表されたものなどは割愛し、図書や冊子になっているものや論文などに限定した。見出しの氏名のあとの括弧内は、主たる実践をしたときの勤務先である。なお、スタッフが執筆していなくても、実践や作品などが分かるものは記載した。

市販された図書は、新品若しくは古書で比較的簡単に入手可能なものが多い。市販されなかったものは、古書で出回っていたり、国会図書館などに収蔵されているものもある。入手しにくいものもあるが、手を尽くせば入手可能と思われる。

なお、テレビ放送など映像関係の把握が不じゅうぶんなために、一部の紹介に留まっている。映像関係の入手は、アーカイブスになっているものは入手可能である。NHKは、過去の番組をクロニクルで検索できる。アーカイブスになっていないものは、当該者に直接依頼することも考えられる。いずれにせよ、映像になっているものは活字になっているものに比べると、その把握が課題である。

また、どんなに優れた実践にも課題はあるはずである。さらに、時代背景や当時の学校・施設が置かれていた状況とも無縁ではいられない。他の実践から学ぶということは、実践の本質や具体的な中身を把握しながら、自分の栄養とすべきところを探す旅でもある。共感できるところは採り入れ、共感できないところは修正すればよい。この過程を経て、自分の実践知を上書きし、自分を変え続けていかなければならない。

福来四郎（神戸市立盲学校）

・福来四郎（一九五七年）：『眼がほしい―光なき子等の生活記録―』、土龍社。
・福来四郎（一九六九年）：『見たことないもん作られへん』、講談社。
・福来四郎（一九八一年）：『魚の足はまだ見ていません』、神戸すずらんライオンズクラブ。
・福来四郎（一九八一年）：『無眼球児の彫塑』、神戸すずらんライオンズクラブ。
・福来四郎（一九八一年）：『盲児のつくった母子像』、神戸すずらんライオンズクラブ。
・福来四郎（一九八一年）：『お日さんはだれがなっとるの』、盲児の彫塑に学ぶ会。
・福来四郎（二〇〇三年）：『盲人に造形はできる―盲人造形三〇年の記録』、アワタ印刷、自費出版。
・『手のある魚』（一九九〇年）：ＮＨＫドキュメンタリー番組『現代の映像』、一一月六日　一九時三〇分～一九時五九分。

作品は、神戸親和女子大学にも保存されている。

西村陽平（千葉県立千葉盲学校）

・西村陽平編（一九八四年）：『見たことないもの作ろう！―視覚障害児の作品から学ぶ』、偕成社。
・西村陽平・成子良子編（一九九一年）：『掌の中の宇宙―視覚障害児の学校生活から学ぶ』、偕成社。

・西村陽平（一九九五年）：『手で見るかたち』、白水社。
・『手でみたうさぎ』（一九八九年）：あすの福祉、五月五日　一七時三〇分〜一八時〇〇分、NHK。
・『とぶ心』（一九九四年）：一月一五日　一六時〇〇分〜一六時三〇分、NHK。
・『手で見てつくる』（一九九四年）：教育ビデオライブラリー　授業シリーズ2、日本児童教育振興財団。
・『こんな色見たことない』（一九九四年）：教育ビデオライブラリー　授業シリーズ7、日本児童教育振興財団。

吉永太市（一麦寮）

・吉永太市（一九八一年）：『遊戯焼《ゆげやき》　ちえおくれの子ども達の創作活動』、柏樹社。
・吉永太市編（一九九九年）：『土と色―ちえおくれの世界●18年の軌跡』、京都新聞社社会福祉事業団。
・吉永太市（二〇〇四年）：「土と教育―自発性の醸成と、止めず流してやる行為の重要性―」、『芸術教授学』七巻、一〜一九頁、日本芸術教授学研究会誌。
・吉永太市編（二〇一五年）：『遊戯焼《ゆげやき》　生の象形　一麦寮生の足跡から』（編者）、田村一二記念館。

池谷正晴（落穂寮、第二栗東なかよし作業所）

・社会福祉法人椎木会落穂寮　増田正司（一九八一年）：『落穂寮の子どもたち』。
・社会福祉法人椎の木会　落穂寮・谷川俊太郎（一九八二年）：『やぁ！　落穂寮の子どもたちがつくったお面と土偶』、サンブライト出版。
・第二栗東なかよし作業所（二〇〇八年）：『土を楽しむ』。
・社会福祉法人なかよし福祉会（二〇一二年）：『なかよしの一歩』。
・社会福祉法人なかよし福祉会（二〇一二年）：『澤田真一の世界①』。
・社会福祉法人なかよし福祉会（二〇一五年）：『澤田真一』。

田中敬三（第二びわこ学園）

・社会福祉法人びわこ学園（一九八三年）：『ねんどと障害児と　にゃにゅにょ　療育実践記録』。
・にゃにゅにょの会「粘土になったにんげんたち」編集委員会（二〇〇三年）：『にゃにゅにょの世界　粘土になったにんげんたち　田中敬三スライドトーク集』。
・田中敬三（二〇〇八年）：『粘土でにゃにゅにょ――土が命のかたまりになった！』、岩波書店（岩波ジュニア新書）。
・にゃにゅにょの会・田中敬三（二〇〇八年）：『ねんどになったにんげんたち　田中敬三写真集　第二びわこ学園「30年間のねんど小屋」』。
・戸次公明（二〇一二年）：『こんな顔つくるの好きや　戸次公明作品集』（写真　田中敬三）。
・鈴木善博／平井亜希（二〇一八年）：『BE　ALIVE――重症心身障がい者と看護・介護に携わる方々を応援する――』、一般社団法人Be　Alive。

西垣籌一（みずのき寮）

・都築響一編（一九九四年）：『ART　INCOGNITO　30years　of　Mizunoki　Workshop』、大前正則／（有）藍風館。
・西垣籌一（一九九六年）『無心の画家たち――知的障害者寮の三〇年』、日本放送出版協会（NHKブックス）。
・西村陽平監修（二〇〇三年）：『みずのきの絵画――鶏小屋からの出発』、東方出版。

仲野　猛（野村学園）

・仲野　猛編（一九八一年）：『どろんこのうた――表現する子どもたち』、合同出版。
・仲野　猛／郡山　直編（一九八二年）：『新選対訳「どろんこのうた」』、北星堂書店。

・仲野　猛編（一九九〇年）：『続 どろんこのうた—美しい心美しい詩』、合同出版。
・仲野　猛（一九九六年）：『小さな偉大な詩人たち—「どろんこのうた」による詩論』、合同出版。
・仲野　猛（二〇〇二年）：『どろんこのうた交流記　福祉に携わる人たちへ贈る言葉』、合同出版。
・仲野　猛編（二〇一六年）：『版画詩 どろんこのうた　生まれたてのことば』、合同出版。
・『版画詩に託す僕らの心—知的障害者の創作活動—』（一九九六年）：あすの福祉、二月二九日　一九時二〇分〜一九時五〇分、NHK。

今中博之（アトリエインカーブ）

・アトリエインカーブ（二〇〇六年）：『ATELIER　INCURVE』、ビブリオインカーブ。
・今中博之（二〇〇九年）：『観点変更—なぜ、アトリエインカーブは生まれたか』、創元社。
・今中博之監修・神谷　梢著（二〇一〇年）：『アトリエインカーブ　現代アートの魔球』、創元社。
・アトリエインカーブ展（二〇一〇年、浜松市美術館）図録。
・今中博之（二〇一八年）：『社会を希望で満たす働きかた　ソーシャルデザインという仕事』、朝日新聞出版。

坂本小九郎（八戸市立湊中学校養護学級）

・八戸市立湊中学校養護学級（一九七六年）：『版画物語・虹の上をとぶ船』、朔人社。
・坂本小九郎（一九八二年）：『虹の上をとぶ船—八戸市立湊中学養護学級の版画教育実践』、あゆみ出版。
・坂本小九郎（一九八五年）：『版画は風のなかを飛ぶ種子』、筑摩書房。

成田　孝（弘前大学教育学部附属養護学校）

・成田　孝（一九八五年）：「表現の意味について—ルートヴィッヒ・クラーゲスに依拠して—」、『弘前大学教育学部教科教育研究紀要 第1号』、八九〜九八頁。

・弘前大学教育学部附属養護学校「図画工作・美術」班（一九九一年）：『豊かな心情の世界―土粘土による制作過程と作品―』。
・成田　孝（一九九二年）：「『情操』概念に関する一考察」、『大学美術教育学会誌　第二四号』、一一〜二〇頁。
・東北電力（一九九二年）：『〝豊かな心情の世界展〟弘前大学教育学部「附属養護学校の子どもたちの作品」』、東北電力グリーンプラザで一九九二年一二月二四日〜二七日に開催された展覧会の小冊子。
・成田　孝（二〇〇八年）：『発達に遅れのある子どもの心おどる土粘土の授業―徹底的な授業分析を通して―』、黎明書房。
・成田　孝・廣瀬信雄・湯浅恭正（二〇一五年）：『教師と子どもの共同による学びの創造―特別支援教育の授業づくりと主体性―』、大学教育出版。
・成田　孝（二〇一七年）：『心おどる造形活動―幼稚園・保育園の保育者に求められるもの―』、大学教育出版。
・『無心の造形・弘大附属養護学校作品』（一九八九年）：ＲＡＢレーダースペシャル、三月二五日　一八時〇〇分〜一八時三〇分、青森放送。
・『豊かな心情の世界』（一九九二年）：サンデー・トーク、六月七日　一二時〇〇分〜一二時三〇分、仙台放送。
・『輝きにふれたい・成田先生と子供たち』（一九九三年）：東北発見、一月一四日　一九時三〇分〜二〇時〇〇分、ＮＨＫ。

2　その他

ここでは一部を除き、写真（作品、制作中）が中心のものは省いた。

(1)　図録・報告書類

図録類は、展覧会の開催に合わせて作成されたものもあれば、展覧会の終了後に作成されたものもある。さらに、図書として販売されたものもある。

・世田谷美術館編（一九八六年）：『世田谷美術館開館記念展　芸術と素朴』、世田谷美術館。
・世田谷美術館編（一九八七年）：『講演会・シンポジウム　芸術と素朴』、世田谷美術館。
・財団法人滋賀県陶芸の森編（一九九三年）：『八木一夫が出会った子供たち―土・造形の原点―』、財団法人滋賀県陶芸の森。
・塩田純一／長谷川裕子／遠藤　望編（一九九三年）：『パラレル・ヴィジョン―二〇世紀美術とアウトサイダー・アート　日本のアウトサイダー・アート』、世田谷美術館。
・世田谷美術館編（一九九三年）：『パラレル・ヴィジョン・シンポジウム「アウトサイダー・アートを考える」』。
・『土をうたう―ちえおくれの人たちの造形』、こどもの城アトリウムギャラリー（青山）、一九八六年。
・『土をうたう―ちえおくれの人たちの世界展』、滋賀県立陶芸の森、一九九一年。
・『土をうたう』、滋賀県精神薄弱者愛護協会、一九九五年。
・一九八一年九月から二〇一六年一一月の三五年間に「土と色―ちえおくれの世界」及び「土と色―ひびきあう世界」が合わせて一六回開催され、毎回展覧会終了後に記録の冊子が作成されている。
・世田谷美術館編（一九九六年）：『開館一〇周年記念特別展　コレクション一〇年の歩み　芸術と素朴』、世田谷美術館。
・京都新聞社編（一九九七年）：『アール・ブリュット「生の芸術」―その発見と未来―』、京都新聞社。
・秋田県立近代美術館編（二〇〇一年）：『こんな巨匠どこにいたの？―一麦寮生によるいのちの創造』、秋田県立近代美術館。
・「八幡学園」山下清展事業委員会編（二〇〇四年）：『特異児童画の世界　山下清とその仲間たち』、「八幡学園」山下清展事業委員会。
・高浜市やきものの里かわら美術館編（二〇〇五年）：『アウトサイダー・アート～描かずにはいられない表現者たち～』、高浜市やきものの里かわら美術館。
・工房しょうぶ編（二〇〇七年）：『ヌイ　プロジェクト2』、社会福祉法人太陽会。
・渡辺亜由美／滋賀県立近代美術館編（二〇一五年）：『生命の徴～滋賀と「アール・ブリュット」』、文化庁・滋賀県立近代美術館。
・藤原一枝（二〇一九年）：『ＩＣＨＩＢＡＫＵ』、藤原ＱＯＬ研究所。「一麦」の刺繍や紙などの作品が掲載されている。

(2)　図書類

・『美術手帖　臨時増刊号　ちえのおくれた子らの作品』、美術出版社、一九五五年。
・井上隆雄（一九八五年）：『土に咲く―美のメッセージ、障害者施設から。』、ミネルヴァ書房。
・田島征三（一九九二年）：『ふしぎのアーティストたち―信楽青年寮の人たちがくれたもの』、労働旬報社。
・モーリス・タックマン／キャロル・Ｓ・エリエル（一九九三年）：『パラレル・ヴィジョン―二〇世紀美術とア

ウトサイダー・アート』、淡交社。
・財団法人たんぽぽの家編（一九九六年）：『ＡＢＬＥ　ＡＲＴ［魂の芸術家たちの現在］』、播磨靖夫。
・乾千恵（一九九七年）：『「風」といるひと「樹」のそばのひと』、野草社。
・寺山千代子監修／描画教育研究会編（一九九九年）：『風の散歩―小さな芸術家たち』、コレール社。
・服部　正（二〇〇三年）：『アウトサイダー・アート―現代美術が忘れた「芸術」』、光文社（光文社新書）。
・『芸術新潮　特集われら孤独な幻視者なり！　アール・ブリュットの驚くべき世界』、二〇〇五月号、新潮社。
・藤田治彦編（二〇〇九年）：『芸術と福祉―アーティストとしての人間』、大阪大学出版会。
・『美術手帖　特集アウトサイダー・アートの愛し方』、二〇〇九年七月号、美術出版社。
・ボーダレス・アートミュージアムＮＯ―ＭＡ編（二〇一〇年）：『アウトサイダー・アートの作家たち』、角川学芸出版。
・デイヴィド・マクラガン／松田和也訳（二〇一一年）：『アウトサイダー・アート　芸術のはじまる場所』、青土社。
・保坂健二朗監修（二〇一三年）：『アール・ブリュット　アート　日本』、平凡社。
・保坂健二朗監修（二〇一三年）：『アール・ブリュット？　アウトサイダー・アート？　ポコアート！　福祉×表現×美術×魂』、三三三一Ａｒｔｓ　Ｃｈｉｙｏｄａ。
・川井田祥子（二〇一三年）：『障害者の芸術表現―共生的なまちづくりにむけて』、水曜社。
・福森　紳編（二〇一三年）：『しょうぶ学園四〇周年記念誌　創ってきたこと、創っていくことーここには屈託のない笑いがある』、社会福祉法人太陽会。
・服部　正／藤原貞朗（二〇一四年）：『山下清と昭和の美術―「裸の大将」の神話を超えて』、名古屋大学出版会。
・椹木野衣（二〇一五年）：『アウトサイダー・アート入門』、幻冬舎（幻冬舎新書）。

・服部　正（二〇一六年）：「シンポジウム１　『アウトサイダー・アート』再考―その流通とマーケット」、『民族藝術』ＶＯＬ・三二、六八～七八頁、民族藝術学会。
・藤原貞朗（二〇一六年）：「シンポジウム１　山下清のマーケティング戦略」、『民族藝術』ＶＯＬ・三二、七九～八八頁、民族藝術学会。
・服部　正（二〇一八年）：「障がい者アートとしての和製アール・ブリュット」、『民族藝術』ＶＯＬ・三四、一〇一～一〇七頁、民族藝術学会。

あとがき

一般の人が目に触れることができるようになった初期の障がい者展覧会には、八幡学園の山下清と石川謙二の二人展である「異常児作品展覧会（一九三八年）」や「特異児童作品展（一九三八年）」「精神薄弱児養護展覧会（一九三九年）」「全国忘れられた子らの作品展（一九五四年）」、落穂寮の「知恵の遅れた子らの作品展（一九五五年）」、神戸盲学校の「無明の工人展（一九五七年）」、一麦寮の「一麦寮生作品展示即売会（一九六六年）」などがある。これらの展覧会でも、今から八〇～五〇年くらい前のことにすぎない。

同じく美術館による初期の企画展には、一九九三年に世田谷美術館で行われた「パラレル・ヴィジョン―二〇世紀美術とアウトサイダー・アート　日本のアウトサイダー・アート」、一九九八年に兵庫県立美術館で開催された「アート・ナウ98―ほとばしる表現力『アウトサイダー・アート』の断面」などがある。これらの企画展の開催も、今からたった四半世紀前のことである。

いずれも最近のことなので、関連の資料を探すことは難しくない。過去の実践や研究を知らない人ほど、先駆的な取り組みではないのに「先駆的な取り組みである」と自賛したがる。

障がい者の展覧会や制作活動には良いイメージがあるが、本書で述べてきたように、障がい者の展覧会と制作活動には大きな課題がある。これは障がい者の問題ではなく、健常者の問題である。展覧会の企画者・主催者、作品の選定者、制作活動の環境づくりや展覧会に関わる現場スタッフ、障がい者の展覧会に関わる学芸員・研究者、人材を育成する大学教育、障がい者に関わる行政などの問題である。

つまるところ、「人材養成」である。しかし、人材養成は展覧会や制作活動のハウ・ツーを学ぶことではない。その本質を学ばなければ意味がない。そして、展覧会の企画者・主催者として、制作活動のスタッフとして、自分にその能力があるのか、自分がふさわしいのかを問い続けなければならない。

人間は、誰でも「勉強しなくては」と思っている。しかし、現実はあまり勉強しない人と、勉強にエネルギーをかける人がいる。この違いは何か。学びに対する確固たる意志があるか否かである。意志のある人は自分の力量がまだまだであることを痛切に感じているから、必死になって力量を高めるために勉強する。同時に、自分の力量が高まれば、まだまだ高まる余地が大きいことを理解する。勉強する人ほど、自分の器の小ささと目指すべき器の大きさがそれとなく分かるのである。一方、あまり勉強しない人は、それなりにはやってると思うので、自分の器を過大評価しがちである。自分の器の小ささを認識できないから、切実に勉強しなければならないとは思わない。よって、あまり勉強しない人と、勉強にエネルギーをかける人との差がどんどん開いていくのである。

自分の意識や価値観を変え、自分の力量を高めるためには死にものぐるいで他から学び続けることが条件となる。しかし、誰もお膳立てしてくれない。自ら行動するしかない。具体的には、「どの資料を読んだか」「どの展覧会を見に行ったか」「どこの施設や学校の制作活動や作品などを見学に行ったか」「実践者・研究者・学芸員の誰と会って、どれだけ意見交換したか」「実践や研究を発表して、どれだけ他者の意見を得たか」「授業研究会をどれだけ開催して議論を深めたか」などが問われる。海外の実践・研究も視野に入れることは、当然のことである。

障がい者の展覧会・制作活動に関わる人は、まずこの日本における八〇年間の実践・研究から学ばなければならない。国外では、日本に先立つこと約四〇年くらい前の一九〇〇年に、イギリスで「ベスレム王立病院精神病者作品展」が開かれている。これらの過去の実践・研究からの学ぶボリュームと質が、今後の実践や研究の土台になる。この土台が不じゅうぶんな者は、展覧会を企画したり、作品を選定したりする資格はない。土台が不ふじゅうぶんな者が、障がい者のかけがえのない作品を扱うのは大変失礼である。

制作活動における障がい者の豊かな個性を引き出すスタッフの在り方も、過去の実践者から学ぶべきことは極めて多い。本書は、実践者による図書も紹介したので、一冊も漏れることなく探して読破してほしい。

展覧会は作品を並べて終わりではない。展覧会の開催を目的にしてはいけない。展覧会の開催を通して、何をどれだけ学ぶかが問われる。展覧会前と展覧会後で、自分が変わっていなければならない。

滋賀県には、「糸賀一雄→田村一二→」の流れがあり、「後継養成」を重視してきた。「展覧会をやるだけならやらないほうがよい」と断言している。展覧会の開催を契機に、いかにお互いが学び、力量を高めるかを重視している。「どのような作品を選ぶか」「どのように並べるか」は、決して簡単なことではない。「土粘土を取り上げる場合の環境づくりや焼成法」なども同様である。

世界陶芸祭（一九九一年、鉄道事故のために会期短縮）の際は、四九施設から展覧会への参加希望があり、二六カ所の作業所から作陶指導が要請されている。係が分担し、三箇月間に五〇回ほど作陶指導に出向いている。

同じ障がい者なのに、スタッフによって豊かな個性が引き出されたり、引き出されなかったりするのは困る。作品の選定に関わる審美眼・眼力にも大きな差異があっては困る。なぜなら、障がい者はスタッフなどを選べないからである。

かつての山下清のように、関係者が障がい者を振り回してはいけない。関係者は、展覧会・制作活動で障がい者を振り回していないかを、常に点検しながら取り組まなければならない。そのためには、障がい者をリスペクトしながら、健常者である展覧会企画者や制作活動のスタッフの考えを優先するのではなく、絶対的な平等者として、いかに障がい者主体の展覧会・制作活動を創り上げていくかが問われている。障がい者を通して、健常者の意識と能力が試され、問われているのである。

つまるところ、障がい者の展覧会や制作活動が突きつけているのは、「あらゆる人が絶対的に平等である、優しい社会をいかに創り上げていくか」「障がい者が輝き、社会も輝く『真に共に生きる社会』『尊厳ある社会』をいかに創り上げていくか」「豊かな芸術文化活動が展開される創造的な文明をいかに創り上げていくか」である。そのためにはスタッフの「知識・理屈・たてまえ」依存や「知識・理屈・たてまえ」優先から脱却し、健常者自身が「我欲」「おごり」「上から目線」から決別しなければスタート地点に立つことはできない。

健常者の、「表現観」「教育観」「授業観（子ども観・題材観・指導観）」「人権擁護意識」「文援観」「価値観」「人間観」「生命観」「世界観」「人間のありよう」こそ問われている。本書が、その一助になれば幸いである。

最後に、本書の出版を快諾いただいた、大学教育出版代表取締役佐藤守様及び編集担当の社彩香様に、心から感謝申し上げる。

二〇一九年五月　津軽にて

成田　孝

■著者紹介

成田　孝　（なりた　たかし）

1950年青森県生まれ。多摩美術大学卒業。4年間の公立中学校教諭、計34年間の県立・国立・私立の養護学校教諭、大学教授を歴任。第12回（平成3年度）辻村奨励賞受賞。主な著書は、『心おどる造形活動―幼稚園・保育園の保育者に求められるもの―』（大学教育出版、2017）、『教師と子どもの共同による学びの創造―特別支援教育の授業づくりと主体性―』（共著、大学教育出版、2015）、『発達に遅れのある子どもの心おどる土粘土の授業―徹底的な授業分析を通して―』（黎明書房、2008）、「『情操』概念に関する一考察」『大学美術教育学会誌 第24号』（1992）、「表現の意味について―ルートヴィッヒ・クラーゲスに依拠して―」『弘前大学教育学部教科教育研究紀要 第1号』（1985）。

障がい者アート

―「展覧会」と「制作活動」の在り方―

2019年8月5日　初　版第1刷発行

■著　　者――成田　孝
■発 行 者――佐藤　守
■発 行 所――株式会社 **大学教育出版**
〒700-0953　岡山市南区西市855-4
電話（086）244-1268　FAX（086）246-0294
■印刷製本――モリモト印刷㈱

ISBN978-4-86692-039-9